AI 提问大师

解锁公文写作的高效密码

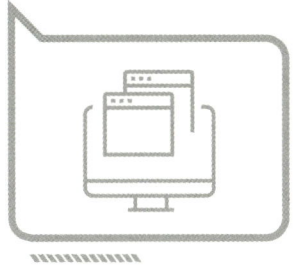

骆仁童　高军◎著

图书在版编目（CIP）数据

AI提问大师：解锁公文写作的高效密码 / 骆仁童，高军著. -- 广州：广东科技出版社，2025.3.
ISBN 978-7-5359-8480-7

Ⅰ．H152.3-39

中国国家版本馆CIP数据核字第2025AW2866号

AI提问大师：解锁公文写作的高效密码
AI Tiwen Dashi: Jiesuo Gongwen Xiezuo de Gaoxiao Mima

出 版 人：严奉强
项目策划：严奉强　王　蕾
项目统筹：李　杨　区燕宜
责任编辑：李　杨　彭逸伦
封面设计：二间设计
装帧设计：友间文化
责任校对：邵凌霞　曾乐慧　卢晓敏　廖婷婷　李云柯　韦　玮　杨　乐
责任印制：彭海波
出版发行：广东科技出版社
　　　　　（广州市环市东路水荫路11号　邮政编码：510075）
销售热线：020-37607413
https://www.gdstp.com.cn
E-mail：gdkjbw@nfcb.com.cn
经　　销：广东新华发行集团股份有限公司
印　　刷：广州市岭美文化科技有限公司
　　　　　（广州市荔湾区花地大道南海南工商贸易区A幢　邮政编码：510385）
规　　格：787 mm×1 092 mm　1/16　印张10　字数200千
版　　次：2025年3月第1版
　　　　　2025年3月第1次印刷
定　　价：49.00元

如发现因印装质量问题影响阅读，请与广东科技出版社印制室联系调换
（电话：020-37607272）。

自序一
AI赋能的全新路径

《AI提问大师：解锁公文写作的高效密码》这本书的诞生，源于我对当下信息时代职场需求的深刻洞察以及对人工智能（artificial intelligence，AI）技术潜力的充分挖掘。近几年，我始终致力于让企业借助人工智能技术实现变革。在以数字经济应用实践专家的身份为众多企业和机构提供AI培训与咨询服务时，还有在担任广东省科技创业导师、华南理工大学工商管理学院校外导师、中山大学管理学院"互联网+"创新创业大赛导师期间，我都深切体会到企业对AI变革的急切需求。不管是大企业还是初创企业，都遭受着信息过载的困扰。我们急需一种精准工具，它能帮助或辅助我们过滤海量信息，让我们聚焦核心问题，迅速精准地找到答案。2023年起，以文心一言、豆包、Kimi为代表的AI工具的崛起，以及2025年春节前夕DeepSeek的横空出世，恰是解决该问题的关键。金融、医疗、教育等各个行业的企业，在AI变革中遇到的挑战与赢得的机遇各有差异，但利用AI技术提升竞争力与创新力是共同的目标，最需要的就是找到一个与AI有效结合的切入点，而公文写作就是极为典型的场景。

自序一　AI赋能的全新路径

公文写作作为各类政府机构、企事业单位行政部门的一项重要工作，是传递信息、制定决策和沟通交流的主要工具之一，记录着组织运营、管理和发展的细节和过程。因此，规范、风格一致、高效的公文写作可以为保障组织顺畅运转、提升组织效率提供有力的支撑。随着人工智能技术的快速发展，我们迎来了一个可以显著改变传统公文写作方式的时代。AI不仅为我们提供了强大的工具，还给公文写作带来了新的方法。

AI工具在公文写作中的应用价值不可忽视。它不仅可以帮助我们最大限度地减少公文中的拼写和打字错误，提升文稿的文字质量，还可以通过反复的问答训练，使输出内容在行文风格上保持高度一致，帮助组织维持稳定的对外形象。更重要的是，AI工具能够高效完成重复性的工作，大幅提升写作者的工作效率。通过合理运用AI工具，我们可以将更多的时间和精力投入到公文的核心内容创作和逻辑构思中，从而提升公文的整体质量和价值。

本书的核心目标是向读者介绍如何使用AI工具提高公文写作质量和写作效率。书中详细介绍了AI指令提问的原理，包括指令提示的作用与意义、模型选择对提问效果的影响，以及如何构建优质的指令提示。本书旨在通过深入探讨提问技巧，如使提问具体化、明确化、清晰化，以及变换提示形式而优化提问的方法，帮助读者掌握与AI工具高效沟通的能力。此外，书中还提供了多种提问实战技巧，这些技巧能够帮助读者在不同的写作场景中灵活运用AI工具。

希望本书能够成为您在公文写作道路上的得力助

手，帮助您在面对信息过载和写作挑战时，找到适合自己的高效路径。我相信，AI技术将成为提升公文写作质量和效率的重要工具，为各类组织的顺畅运转和发展提供有力支持。

最后，我要感谢所有支持本书创作的伙伴们，你们的智慧和努力让这本书得以呈现。感谢谢盛斌、张辰、黄信焕、黎展波、许仲璟、王春阳、宋森、万文慧、刘苗、李泽江、简进峰。谨以此书献给所有在公文写作领域努力探索和实践的同仁们，愿你们在AI技术的助力下，创造出更高质量、更具价值的公文。

骆仁童

2025年2月

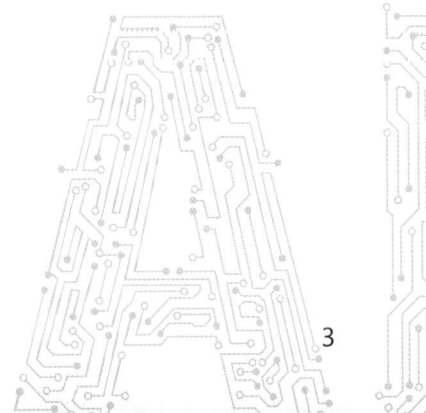

自序二
如何向AI提问

在数字化浪潮席卷全球的今天，AI技术正深刻地改变着我们的工作和生活方式。作为一名长期关注科技与管理融合的实践者，我深切地感受到AI工具对企业管理、公文写作乃至整个组织运作的深远影响。这种影响不仅体现在效率的提升上，更体现在它为企业和组织带来了全新的价值创造方式。

AI工具的诞生给企业带来了前所未有的变革契机。其不但能大幅提升工作效率，而且能够释放出极大的创造力。AI工具凭借高效与准确的特性，成了我们工作和生活中必不可少的帮手。不过，在这个过程中，怎样向AI提问、如何通过追问促使AI产生更高价值、如何经由与AI互动发挥其最大优势等问题成了新的挑战。

与此同时，AI工具的诞生也使传统工作模式发生了改变。就拿公文写作来说，公文是各类政府机构、企事业单位行政部门内部沟通和外部交流的重要工具，其价值是显而易见的。然而，传统公文写作方式常常遇到不少问题，像是格式不规范、内容质量参差不齐、写作效率不高等。AI工具的出现虽然为解决这些问题带来了新的思路与方法，但怎样合理使用AI工具大幅提高公文写作的质量和效率，使公文写作更加轻松、高效，也是值得关注的问题。

在这样的背景下，我带领团队开发了科技云平台，这是一个基于深度学习和大规模数据训练的AI辅助工具，它能够理解人类语言并生成连贯、智能的回答，极大地提升了公文写作的效率和质量。科技云平台不仅能够帮助用户快速生成高质量的公文内容，还能在格式规范、语言表达等方面提供专业的建议和指导。

本书主要介绍公文写作的基础知识和技巧，还结合了如科技云这样的AI工具的实际应用案例，帮助读者更好地理解和掌握如何将AI工具与公文写作相结合。通过学习本书，读者将掌握如何利用AI工具高效地撰写决议、公告、通知等15类常见的公文，在工作中更加得心应手。

展望未来，AI工具将在更多领域发挥重要作用。无论是在商业领域，还是在个人工作和生活领域，AI工具都将成为我们不可或缺的助手。它将帮助我们更好地应对信息时代的挑战，提升我们的工作效率和生活质量。

感谢您选择阅读本书，希望本书能够帮助您更好地运用AI工具，提升您的公文写作能力，从而在职场中获得更大的成就。同时，我也希望科技云平台能够成为您在公文写作道路上的得力助手，陪伴您更加高效、智能地工作。

2025年2月

目 录
Contents

第一章：理论篇

AI指令与提问技巧入门

1.1　AI指令的提问原理　/ 002

　　1.1.1　指令提示的作用与意义　/ 002

　　1.1.2　AI指令的底层逻辑　/ 004

　　1.1.3　优质的指令提示是什么样的？　/ 006

1.2　提问技巧入门　/ 007

　　1.2.1　提问的基础技巧　/ 007

　　1.2.2　变换提示形式而优化提问　/ 008

第二章：方法篇

 提问实战技巧

2.1　标准化提问与内容生成（STAR结构）　/ 012

　　2.1.1　给定标准，高效提问　/ 012

　　2.1.2　生成多样化的问题集　/ 014

1

2.2 联系上下文提问（CARE结构） / 016
    2.2.1 根据上下文信息提问的技巧 / 017
    2.2.2 多文档"投喂"，跨领域学习 / 019

2.3 概括总结与追问（APE结构） / 026
    2.3.1 提取关键信息，让AI概括总结 / 027
    2.3.2 阅读和提炼海量信息 / 030

2.4 分步骤提问（SAGE结构） / 034
    2.4.1 聚类提示性追问 / 034
    2.4.2 分类提示性追问 / 040
    2.4.3 样本示例与关键词提示性追问 / 043

2.5 角色设定、自洽追问与纠错（ROSES结构） / 049
    2.5.1 让AI强化学习，获得精准回答 / 051
    2.5.2 自洽式追问，明确纠错 / 055

第三章：基础入门案例篇

向AI提问，生成和优化公文文本

3.1 常用的AI写作工具 / 062
    3.1.1 DeepSeek / 062

    3.1.2 豆包 / 064

    3.1.3 Kimi / 065

    3.1.4 文心一言 / 067

    3.1.5 科技云 / 068

3.2 公文写作入门 / 070
    3.2.1 公文的特点 / 070

    3.2.2 公文写作要点 / 070

    3.2.3 公文的基本分类 / 071

3.3 用AI写指令决策类公文 / 075
    3.3.1 决议 / 075
    3.3.2 决定 / 079
    3.3.3 命令（令） / 084

3.4 用AI写信息发布类公文 / 087
    3.4.1 公报 / 087
    3.4.2 公告 / 089
    3.4.3 通告 / 091

3.5 用AI写工作沟通类公文 / 092
    3.5.1 意见 / 092
    3.5.2 通知 / 094
    3.5.3 通报 / 095

3.6 用AI写上下行文类公文 / 097
    3.6.1 报告 / 097
    3.6.2 请示 / 098
    3.6.3 批复 / 099

3.7 用AI写机关往来类公文 / 100
    3.7.1 议案 / 100
    3.7.2 函 / 101
    3.7.3 纪要 / 103

第四章：进阶提升案例篇

 优化AI指令，提升公文写作质量

4.1 指令决策类公文经典表述及强化句式 / 106
    4.1.1 决议 / 106
    4.1.2 决定 / 110
    4.1.3 命令（令） / 114

目录

4.2 信息发布类公文经典表述及强化句式 / 117
- 4.2.1 公报 / 117
- 4.2.2 公告 / 121
- 4.2.3 通告 / 123

4.3 工作沟通类公文经典表述及强化句式 / 125
- 4.3.1 意见 / 125
- 4.3.2 通知 / 128
- 4.3.3 通报 / 131

4.4 上下行文类公文经典表述及强化句式 / 134
- 4.4.1 报告 / 134
- 4.4.2 请示 / 136
- 4.4.3 批复 / 138

4.5 机关往来类公文经典表述及强化句式 / 140
- 4.5.1 议案 / 140
- 4.5.2 函 / 142
- 4.5.3 纪要 / 144

第一章

理论篇

AI指令与提问技巧入门

1.1　AI指令的提问原理

1.1.1　指令提示的作用与意义

在当今这个数字化时代，人工智能的崛起无疑是一场深刻的变革，如何向AI提问，是连接人类思维与AI的桥梁。在具体展开如何向AI提问之前，我们需要先理解的是"指令提示"的作用与意义。指令提示，这个看似简单的概念，实际上是一把开启变革之门的"金钥匙"。

指令提示，顾名思义，是用户向AI下达的任务指令，它能够让我们更好地开启与"AI小伙伴"的愉快交流之旅。清晰、明确地告诉AI我们的需求和想法，让AI给出更符合我们需求的精准答案，这种技术使得AI能够理解并执行复杂的任务。从简单的问答到复杂的内容创作，指令提示都扮演着至关重要的角色。

你去统计一下公司现在来访总人数。

2小时后……

截至目前，公司一共有8万人来访。

怎么可能？今天不可能有这么多人来访！

不好意思，我理解错了。（您说清楚了吗？）

在向AI提问的过程中，优质的指令提示最明显的价值体现在它能够提高效率。

首先，使用恰当的指令提示，可以帮助我们提出更明确的问题，在短时间内获取更符合预期的回答，减少冗余信息和噪声，使我们能够快速地从海量信息中筛选出有价值的内容。例如，在数据分析领域，通过精心设计的指令提示，我们可以让AI迅速生成所需的统计图表，从而帮助数据分析师更专注于数据的深度解读和策略制订。

其次，优质的指令提示也能够降低错误率。AI虽然强大，但并非万能。通过设计合理的指令提示，我们可以引导AI生成更高质量的回答。选择合适的关键词，限定输入范围或添加特定约束，能够有效降低AI生成错误答案的概率。指令提示还可以让用户在不具备专业领域知识的情况下，也能够享受到AI技术带来的便利。在信息的茫茫大海中航行，指令提示就是那座指明方向的灯塔，帮助我们避开暗礁，驶向正确的方向。

再次，使用优质的指令提示，可以提升AI的可理解性。在工作和学习中，我们常常会遇到各种烦琐的任务，但AI模型通常是复杂和黑盒化的，我们很难直接理解其决策过程。然而通过巧妙组织指令提示，我们能让AI生成更容易被理解和解释的结果，帮我们更快地获取有用信息，避免不必要的迭代和试错，提高工作效率。想象一下编程的场景，即使是初学者，也可以通过简单的指令提示，让AI帮助生成复杂的代码片段，甚至完整的程序，这不仅提高了开发效率，还为初学者提供了宝贵的学习资源。

最后，通过灵活使用指令提示进行提问，能够满足个性化需求，让AI能更懂你。每个人的需求和偏好都是独特的，而指令提示的设计可以引导AI生成更好的回答，还可以训练AI模型，使其更好地理解我们的意图和需求。通过在提示中提供正确的示例或反馈，我们可以逐步调整AI模型的行为并改进其性能，使其更加贴合个人偏好和用户需求，就像一位贴心的私人助理，能够根据我们的喜好和习惯，为我们提供量身定制的服务。

随着技术的进步，指令提示已经从单一的文本形式，逐渐演变为可以包含图像、视频等多种形式的综合指令，AI将发挥更加重要的作用，推动各个领域的创新和发展。因此，我们应该积极学习和掌握指令提示的使用方法，以便更好地通过提问的方式来利用AI工具。在本书后面的内容中，会根据公文写作的具体场景给出实际的例子。

1.1.2　AI指令的底层逻辑

在深入探索AI指令的奥秘之前，我们有必要先揭开其底层逻辑的神秘面纱。这就好比在欣赏一场精彩的魔术表演之前，先了解魔术师的手法和技巧，这样我们往往能更加深刻地领略到表演的魅力，也能更好地运用这些技巧自己去创造奇迹。AI指令的底层逻辑，正是那套让AI得以精准执行任务的神奇"手法"。

当我们在与AI互动时，无论是通过键盘敲击出的文字，还是通过麦克风发出的语音，抑或是通过摄像头捕捉到的图像，都构成了我们向AI发出的指令提示。这些指令提示首先会进入AI系统的数据输入与预处理阶段。在这个阶段，AI就像一位勤勉的书记员，将各种形式的输入内容进行整理和转换。如果是语音指令，它会借助先进的语音识别技术，将声音的波形数据转化为文字信息；若是图像指令，它则会运用图像识别算法，提取出图像中的关键特征，如颜色、形状、纹理等，为后续的理解和分析作好铺垫。

紧接着，这些指令提示会进入理解与解析的环节。这里，自然语言处理（NLP）技术大显身手，它能够深入挖掘文本指令背后的语义，洞察用户的真正意图。对于非文本指令，如图像或声音，AI则会启用相应的模式识别技术，就像是给AI戴上了一副能看透事物本质的"眼镜"，让它能够精准地解析出输入内容所蕴含的信息。这一过程至关重要，因为只有准确理解了用户的意图，AI才能为接下来的行动指明方向。

随后，AI系统会根据内部预先训练好的模型进行推理与决策。这些模型是AI的"大脑"，它们是基于对海量数据长时间的学习和训练而形成的。这些数据涵盖了各种各样的场景和情况，使得模型像一位经验丰富的决策者一样，根据当前输入的信息以及上下文信息，预测出最符合用户需求的输出或行动方案。这个过程充满了复杂性和不确定性，但正是这种基于数据驱动的推理和决策机制，赋予了AI强大的适应能力和创造力。

然后，AI系统会执行相应的操作或任务，将推理和决策的结果转化为具体的行动。这个任务可能是回答一个复杂的问题，生成一段引人入胜的文本，或者是识别出图像中的特定对象等。执行的结果不仅会直接反馈给用户，满足用户的需求，同时也会被系统记录下来，用于评估此次执行的成效，并作为未来决策的重要参考。更重要的是，AI系统还会根据用户的反馈，不断进行自我学习和优化，就像一位渴望进步的学生，从每一次的实践中汲取经验，不断提升自己的能力，以便在未来能够更好地服务于用户。

让我们以智能音箱为例，当我们对它说"播放周杰伦的《青花瓷》"时，这个指令提示就启动了整个AI指令的底层逻辑流程。智能音箱首先将我们的语音指令转换为文本，然后通过自然语言处理技术理解我们想要播放周杰伦的《青花瓷》这首歌曲的意图。接着，它会根据内部的音乐数据库和用户偏好模型，迅速找到并播放这首歌曲。如果我们发现播放的歌曲版本不是我们想要的，或者音量大小不符合我们的喜好，可以再次下达指令，智能音箱就会根据我们的反馈，调整播放的歌曲版本或音量，不断优化它的服务。

由此可见，当我们使用AI工具时，学会构造高质量、精准的指令提示，就如同掌握了开启AI强大能力的密钥，学会了更加高效、准确地利用AI，让AI成为我们工作和生活中得力的助手，为我们创造更多的价值和惊喜。

1.1.3　优质的指令提示是什么样的？

优质的指令提示，必须先具备直接明了的表达特点。它应该像一面明亮的镜子，能够毫无偏差地反映出用户的意图和需求。当我们在向AI下达指令时，使用简洁、通俗易懂的语言至关重要。这不仅有助于AI快速准确地理解指令的含义，还能让用户自身在下达指令的过程中感到轻松自如。试想，如果一个指令提示充满了晦涩难懂的专业术语或是复杂的结构，不仅AI可能会一头雾水，用户自己也可能陷入困惑之中。因此，避免使用过于复杂或非主流的符号和结构，确保信息能够准确无误地传递给模型和用户，是打造优质指令提示的第一步。

同时，优质的指令提示应拥有较高的通用性。这意味着它能够灵活地适应不同的主题和场景，就像是一套万能模板，无论怎么更换主题词，都能够在同一类任务中保持稳定、良好的生成效果。以内容创作为例，一个具有高通用性的指令提示，无论是用于撰写关于科技产品的文章，还是用于创作关于历史事件的文案，都能够轻松应对，生成高质量的内容。这样的指令提示不仅能够提高内容生成的效率，还能大大降低用户的学习成本和使用门槛，让用户无须为每一个特定的任务都去学习和记忆一套全新的指令提示模式。

生成稳定性也是衡量优质指令提示的重要标准之一。当我们将同一个指令提示多次输入AI工具系统中时，它应该能够稳定地生成符合我们预期的结果。如果每次生成的内容都大相径庭，质量参差不齐，这样的指令提示显然是不可靠的。稳定性确保了用户在使用AI工具时能够获得一致性和可预测性的体验，可以增强用户对AI系统的信任和依赖。

在特定的场景中，一个优质的指令提示能更好地发挥AI的能力，精心设计的指令提示内容能使我们得到的答案更具匠心和创意。

1.2 提问技巧入门

1.2.1 提问的基础技巧

在借助AI推动公文写作的过程里，掌握基本的提问技巧就像拥有一套优质的工具，可使我们的写作之旅更顺遂、高效。而具体、明确、清晰的提问，正是有效使用AI的关键。

具体性是开启精准写作之门的钥匙。当我们向AI寻求公文写作的帮助时，需要像精准的狙击手一样，将问题的焦点精确地锁定在目标上。例如，当我们需要撰写一份关于公司新项目启动的报告时，我们不应只是笼统地询问"如何写报告",而应具体地提出"请指导我撰写一份关于公司新项目启动的详细报告,其内容包括项目的背景、目标、预期成果以及当前的进展情况"。这样的指令能够让AI迅速把握核心要点,为我们提供针对性强、细节丰富的写作指导。

明确性则是确保沟通无误的前提。在公文写作的语境下,明确的提问能够帮助AI准确理解我们的写作意图和需求。比如,当我们希望AI协助我们优化一份会议纪要时,我们应该明确地表达"我需要对这份会议纪要进行精简,突出关键决策点和责任分配,同时保持语言的正式和简洁"。这样的明确指示能够让AI有的放矢,提供精准的修改建议,确保纪要专业和实用。

清晰性是让问题易于理解和解答的保障。在公文写作中,清晰的提问就像是用简洁明了的线条绘制的蓝图,能够让AI毫无障碍地按照我们的要求进行工作。例如,当我们询问如何撰写一份通知时,我们应该清晰地提出"请告诉我撰写内部员工通知的标准格式,以及如何开头、展开和结尾,确保信息传达准确无误"。这样的指令能够让AI迅速抓住问题的关键,给出清晰、实用的写作模板和步骤。

1.2.2 变换提示形式而优化提问

在与AI互动时,我们经常会留意到,巧妙变换指令提示的表述形式,能大幅提高AI回答的质量与精准度。这就如同一位卓越的指挥家,稍作手势的微调,便可引领乐队演奏出更为美妙和谐的乐章。

第一种方式是概括总结追问,这是一种非常实用的技巧。它要求我们在与AI互动中先理解对方的观点,然后让AI用简洁的语言进行总结。这种追问方式不仅能够帮助我们更好地把握对方的意图,还能使对话更加流畅。例如,当我们与AI讨论一份市场调研报告时,AI可能已经提供了大量的数据和分析结果。这时,我们可以使用概括总结追问来进一步提炼关键信息："请根据你提供的这些数据，总结一下目前市场的主要趋势和潜在机会。"这样的指令能够让AI为我们梳理出核心要点，使我们能够迅速抓住重点。

第二种方式，延伸扩展追问能够帮助我们深入挖掘话题。当我们对某个问题有了初步的了解后，可以通过提出与之相关的深入问题，促使AI提供更详尽的信息。比如，在讨论一份新的公司政策时，我们已经了解了政策的基本内容，接下来可以追问："这项政策对公司长期发展将产生哪些具体影响？在实施过程中可能会遇到哪些挑战？"这样的问题能够引导AI从不同角度进行分析，为我们提供更全面的视角。

第三种方式，可以通过强化自洽追问来实现，这是一种加强对话合理性和说服力的方法。当我们听到AI提出某个观点时，可以引用其他事实和数据来支持这一观点。例如，AI告诉我们某个地区的旅游业正在蓬勃发展，我们可以进一步追问："这个地区的旅游业增长是否得益于最近新开通的交通线路？当地的旅游资源开发是否也起到了推动作用？"通过这样的追问，我们不仅能够获得更丰富的信息，还能增强对AI回答的信任度。

第四种方式，是联系上下文追问，有助于我们更好地理解背景信息。当我们对某个话题的背景不太了解时，可以通过提出相关问题来获取更多的上下文信息。比如，在讨论一个碳排放事件时，我们可能对涉及的行业不太熟悉，这时可以追问："这个行业的碳排放管理是怎样的？它与其他行业相比有什么特殊性？"这样的问题能够让AI为我们提供更全面的背景知识，帮助我们进行更深入理解。

最后一种方式，是聚类分类追问，这是一种整理和归纳信息的有效手段。当我们面对大量的信息时，可以通过分类的方式快速厘清思路。例如，在讨论不同类型的产品时，我们可以追问："这些产品可以分为哪几类？每一类产品的特点和优势是什么？"这样的问题能够让AI帮助我们对信息进行分类整理，使我们能够更清晰地把握整体情况。

通过变换指令提示的表述形式来优化提问，我们能够更精准地引导AI回答问题，使其更贴合我们的需求。这不仅能够提高我们的工作效率，还能让我们在与AI的互动中获得更加丰富、深入的知识和见解。

在接下来的第二章内容中，我们介绍五种指令提示的"万能公式"，帮助大家提升在与AI的沟通提问时的质量，开启一段段高效、精准、富有启发性的对话之旅。

第二章

—— **方法篇** ——

提问实战技巧

2.1　标准化提问与内容生成（STAR结构）

STAR结构，即情景（situation）、任务（task）、行动（action）、结果（result），这四个关键部分共同构成了一个完整的指令提示体系。

情景部分为AI提供了任务发生的背景信息，帮助其理解任务的上下文环境。

任务部分明确指出了在该场景下需要完成的具体工作，为AI指明了行动的方向。

行动部分则详细描述了为达成任务目标所需采取的具体措施，为AI提供了操作的细节。

结果部分明确了通过上述行动期望达到的效果，使AI能够清晰地知晓任务的最终目的。

> 情景（situation）：问题发生的背景和环境。
> 任务（task）：需要完成的具体目标（简要描述）、面临的具体挑战或困难（具体描述）。
> 行动（action）：针对所描述问题要采取的行动。
> 结果（result）：通过实施上述行动所能达到的预期效果或目标。

2.1.1　给定标准，高效提问

标准化的指令提示，如同精心编排的舞蹈动作，为AI的行动设定了明确的节奏和方向。它基于一种结构化的思维模式，通过清晰、有序的指令组织，使AI能够快速把握任务的核心要点，从而更高效地完成工作。在众多的指令提示结构中，STAR结构以其简洁明了、逻辑性强的特点，成为构建标准化指令提示的基础框架。

在实际应用中，标准化提问与问题集生成的使用场景极为广泛。

【例】会议纪要

通过运用STAR结构，我们可以构建出一系列标准化的问题，引导AI生成高质量的会议纪要。

我们可以设定情景为"公司季度业绩分析会议"，任务为"整理会议中的关键数据和决策点"，行动为"提取会议中的数据指标、讨论结果和下一步行动计划"，结果为"生成一份简洁、清晰、具有指导性的会议纪要"。

> **情景**：我安排员工在近期的季度业绩分析会议中进行了一些会议的速记。
> **任务**：然而，速记的资料杂乱，而且有很多内容重复，需要整理出会议记录中的关键数据和决策点。
> **行动**：你能帮助整理资料，并且输出一份完整的年度工作会议纪要吗？其中需要提取会议中的数据指标、讨论结果和下一步行动计划。
> **结果**：生成一份简洁、清晰、具有指导性的会议纪要。

基于这样的标准化指令提示，AI能够快速理解会议的核心内容，并准确地提炼出关键信息，生成符合要求的会议纪要。

此外，标准化提问与问题集生成还可以应用于多种组织机构场景，如市场调研报告的撰写、产品设计的讨论、客户服务的反馈整理等。通过预设标准，我们可以充分利用给AI的提示，使AI能够更准确地理解任务要求，从而生成更加符合预期的结果。

【例】市场调研报告

在市场调研报告的撰写中，我们可以预设标准为"分析目标市场的消费者行为和偏好"，并通过具体的例子和示范，如提供已有的市场调研数据或类似报告的样本，来进一步明确AI的任务。同时，将标准分解为可操作的步骤，如数据收集、分析方法选择、结果呈现等，使AI能够更有条理地执行任务。

在使用标准化提问与问题集生成的过程中，我们还可以根据实际情况对指令提示进行优化和调整。例如，如果发现AI生成的结果与预期存在偏差，我们可以通过提供反馈，如指出具体的问题所在，并给出更清晰的定义或更具体的例子，来引导AI进行调整。此外，将标准与上下文紧密联系，提供相关的背景信息，也有助于AI更好地理解任务的背景和目的，从而提高其回答的准确性和实用性。

2.1.2　生成多样化的问题集

在生成多样化问题集的过程中，从简单到复杂，针对不同场景需求，我们能够构建出丰富多样的问题，进而获取更全面、深入的信息。当我们从简单的问题入手，逐步过渡到复杂的问题时，就像是在搭建一座知识的宝塔，每一步都为通往更高层次的理解奠定基础。

> 【例】想了解"人工智能"相关的知识

以"人工智能"为主题，我们可以首先提出一个基础问题："关于人工智能（主题），能告诉我一些信息（事项）吗？"AI会给出一个关于人工智能基本定义的回答。

随后，我们从回答中提取关键信息，如"人工智能""计算机科学领域""模仿人类智能行为""系统"等关键词，以及"人工智能的定义"这一关键概念。

接着，我们要求AI根据这些关键信息生成一个标准化问题："人工智能是如何在计算机科学领域中实现的？它的主要目标是什么?它是如何模仿人类智能行为的?它可以用来构建什么样的系统?"这一问题不仅涵盖了人工智能的核心要素,还引导AI从多个角度进行深入探讨。

以上步骤的意思是,当我们反向"投喂"这个标准化问题给AI时,它会从实现方式、主要目标、模仿人类智能行为、可用于构建的系统四个方面给出详尽的回答。我们通过查看答案,确认信息的完整性和准确性。

如果需要,还可以继续迭代这个过程,不断深化问题,获取更多细节。比如,我们可以进一步追问:"我对你提到的人工智能可以用来构建医疗诊断工具系统不太明白,你能否为我介绍一下?"AI便会详细解释人工智能在医疗诊断工具系统中的应用,包括数据分析和处理、病症检测、辅助诊断、个性化治疗、快速筛查以及减轻医疗人员负担等方面。

除了从简单到复杂的问题生成路径,我们还可以针对不同场景需求,生成多样化的问题。

【例】撰写报告、请示公文

场景需求是撰写一份关于市场趋势分析的报告。我们可以提出:"如何收集和分析市场数据以撰写一份有说服力的市场趋势报告?""在报告中,如何有效地展示数据图表和分析结果?""如何确保报告的结论部分能够为决策者提供明确的指导?"这些问题从数据收集、展示到结论撰写,涵盖了报告撰写的全过程,让AI为我们提供全面的写作指导。

当场景需求转变为撰写请示文件时,问题可以聚焦于请示文件的格式和内容要点,如"请示文件的标准格式是什么?如何开头才能引起领导的注意？""在请示中，如何清晰地阐述请求事项的背景和重要性？""如何在请示中提出合理的建议和预期的效果？"这些问题引导AI提供具体的写作建议，帮助撰写者构建出逻辑清晰、内容翔实的请示文件。

提问思路

① 以知识为切入点提问：在提问时能够从知识层面进行询问，如基本概念、定义、计算方法、应对手段等方面。
② 从分析的视角提问：可依据自身所掌握的知识对想要探究的知识加以分析，然后按照分析的流程、结果或者存在的问题向AI提问。
③ 从求证的维度提问：可以对现有的结论产生疑问并提问。

追问思路

① 关键词追问：向AI追问时，能运用已知的关键词或关键信息，保证问题精准触及自身感兴趣的主题与内容。
② 探寻式追问：在得到基本答复后，可针对所获信息进一步探究。
③ 演示性追问：可要求AI示范执行特定任务，从而获取灵感。
④ 对比式追问：能够把两个或更多概念或方法放在一起，用对比的提问方式向AI提问，如此能更好地理解相关概念或方法。

2.2 联系上下文提问（CARE结构）

CARE结构，即背景（context）、行动（action）、结果（result）、示例（example），这四个要素紧密相连，构成了一套用于多材料联系与分析的指令提示体系。

背景部分为AI提供了讨论的基础和情境，使其能够理解任务的背景信息。

行动部分明确了AI需要执行的具体任务，指明了工作的方向。

结果部分阐述了期望通过行动达到的目标或效果，为AI提供了明确的任务终点。

示例部分则通过具体的案例或实例，辅助AI更好地理解和应用指令，从而提高任务完成的效率和质量。

> 背景（context）：设置讨论的背景。
> 行动（action）：描述提问者想要做什么。
> 结果（result）：描述期望的目标或效果。
> 示例（example）：给出说明的示例。

2.2.1 根据上下文信息提问的技巧

提问的连贯性对于提升其全局认知能力至关重要。就像在一场精彩的对话中，每个问题都是对前一个话题的自然延伸，这样的连贯性能够让AI更好地理解问题的背景和上下文，给出更精准和深入的回答。

为了使提问更连贯，我们需要让AI理解前后的语境。这可以通过引用先前的对话来实现，还可以在追问中使用明确的指代词如"这个问题""以上要点"等，引导AI关注先前提到的主题或概念。

【例】撰写新项目启动议案

我们先询问AI："如何撰写一份有说服力的项目启动议案？"AI可能会给出包括明确项目目标、阐述项目背景、分析项目可行性和预期效益等建议。接着，我们可以追问："根据这些要点，你能帮我构思一个项目启动议案的大纲吗？"这样的追问不仅让AI理解了我们的需求，还引导其根据之前的建议进行具体的构思。

我们还可以通过追加多个修饰词或分步追加条件来提供充足的上下文信息，从而限制AI回答的方向。

【例】请AI推荐旅游景点

我们可以通过追加"环境优美、遗迹较多、人流相对较少、消费水平中等"等修饰词，或者分步提问，逐步增加个人喜好、消费预算等条件，使AI能够给出更加符合我们要求的旅游景点推荐。

当我们向AI提出问题并得到回答后，不应仅仅满足于表面的答案，而应深入分析这些回答，从中寻找新的切入点。

【例】撰写关于公司新政策实施的纪要

我们先询问AI："如何撰写一份清晰、准确的政策实施纪要？"AI可能会给出包括记录政策要点、明确实施步骤、列出责任分配等建议。接着，我们可以从AI的回答中获得启发，进而提出新的问题："在撰写政策实施纪要时，有哪些技巧可以确保政策要点的准确传达，同时便于团队成员理解和执行？"引导AI提供更具体的写作技巧和注意事项。

在实际应用中，结合上下文信息提问技巧，可以更有效地利用CARE结构来引导AI，以获取更精准和深入的回答。我们仍以公文中颇具代表性的议案撰写为例。

【例】撰写市场拓展议案

公司正面临市场竞争加剧和成本上升的双重压力,需要提出一项新的市场拓展议案来应对挑战。

使用CARE结构,各部分的描述可以这样写:

> **背景**:公司目前处于市场竞争激烈且成本不断上升的环境中,需通过市场拓展来提升市场份额和盈利能力。
> **行动**:撰写一份市场拓展议案,详细阐述市场拓展策略、目标市场、预期投入和收益预测。
> **结果**:期望通过这份议案,能够说服公司管理层批准市场拓展计划,预计在一年内实现市场份额增长10%并带来至少20%的利润增长。
> **示例**:参考行业内其他公司成功的市场拓展案例,如××公司通过进入新兴市场和推出定制化产品,实现了市场份额和利润的双增长。

其中,示例部分可以通过上传文件或提示联网查询的方式进行。

结合上下文信息提问技巧,我们还可以进一步细化和深化问题。例如,在提出行动要求时,我们可以引用先前的讨论或公司内部的报告,如:"根据我们最近的市场调研报告,发现××地区的潜在市场需求未被充分挖掘,你认为我们应该如何在议案中提出针对该地区的市场进入策略?"这样的提问可以引导AI结合具体的背景信息进行深度思考和创新,提供更具价值和实用性的议案内容。

在与AI的对话中,每一次追问都是一次新的探索,每一次回答都是一次新的启示。

2.2.2 多文档"投喂",跨领域学习

数字化时代,信息如同浩瀚的海洋,AI则成为我们探索这片海洋的潜水艇。通过多文档"投喂",我们能够让AI构建起一个庞大的知识体系,

整合分析多篇文档,在跨领域的学习中发现不同领域之间的联系和差异,为我们提供更全面、深入的见解和解决问题的全新视角。

当我们向AI提供多篇文档时,需要对文档进行文本预处理,去除特殊字符,确保AI能够准确识别文档内容。

【例】竞品分析

我们手上有三份竞品调研报告,是针对三家医疗机构在医务管理、患者服务、数字化等多个方面的详细调查。通过上传这些报告,我们可以让AI先深入分析这些信息,然后再向它提问。我们提供的信息越丰富,AI的分析结果也更准确,这样便构建起一个关于医疗行业竞争市场的知识体系。

然后,在这个知识体系的基础上,结合CARE结构对它进行训练,让AI掌握竞品调研报告的标准结构后,我们就可以有目的地提出具体的问题,如:"在有关医疗机构数字化的比较中,哪家医院在哪些方面的表现较为出色?"AI的回答不仅会对比三家医疗机构的数字化情况,还会根据每家机构的特点给出有针对性的分析,例如,甲医疗机构在学术社交和医学信息方面表现出色,乙医疗机构在病历管理方面表现出色,而丙医疗机构在医生与患者之间的沟通方面表现出色。这样的回答能帮助我们掌握每家医疗机构的优势,还能为我们提供选择产品时的参考依据。

【例】撰写多人会议纪要

在公文写作场景中,假设我们上传了多份会议纪要,涵盖不同部门在多个项目上的讨论内容,通过让AI分析这些文档,就可以构建起一个关于公司项目进展的知识体系。然后,我们可以提出问题:"在这些会议纪要中,哪些项目遇到了关键的技术难题?各部门提出了哪些解决方案？"AI的回答将帮助我们快速把握项目的整体情况，了解各部门的协作情况，以及面临的挑战和机遇。

此外，通过多文档"投喂"，我们还可以从不同角度提问，深入挖掘信息。

【例】跨领域提问：气候变化对经济发展的影响

这两个领域看似独立，实际上存在着千丝万缕的联系。我们可以先向AI提供关于气候变化、全球变暖以及经济发展的相关文档，然后基于CARE结构训练好AI，接下来我们就可以提出跨领域的问题："气候变化如何影响经济和贸易？"AI的回答涵盖了自然灾害和损失、农业和食品供应、海平面上升、能源生产和需求、法规和政策、投资和绿色经济、风险管理和保险业等多个方面。这些回答不仅揭示了气候变化对经济和贸易的广泛影响，还为我们提供了应对这些挑战的思路和方法。

AI对话片段示例

上传关于气候变化、全球变暖和经济发展的相关文档若干份。

> **气候变化如何影响经济和贸易？**
>
> 气候变化对经济和贸易有着广泛且深远的影响，主要影响因素如下：
>
> 自然灾害及其损失方面，气候变化致使飓风、洪水和干旱等自然灾害更为频繁且强烈。这些灾害给农业、基础设施、房地产等领域带来了巨大经济损失。
>
> 在农业和食品供应上，气温与降水模式的变化给农业带来重大影

响。干旱、洪水和极端气候事件可能造成农作物减产，进而影响食品供应与价格，食品价格上涨可能给全球粮食安全和贫困状况带来负面影响。

海平面上升也是影响因素之一，由气候变化引起的海平面上升威胁着沿海城市和港口，这或许会导致资产损失和贸易中断，从而对全球供应链产生不利作用。

能源生产和需求方面，温室气体排放控制措施以及可再生能源推广正在改变能源市场。向清洁能源的转变可能影响石油、天然气、煤炭等传统能源行业，进而影响国际贸易和全球能源供应。

法规和政策层面，许多国家和国际组织正在施行法规和政策以减少温室气体排放来应对气候变化。这些法规和政策可能对特定行业形成限制和要求，从而影响贸易和全球供应链。

投资和绿色经济方面，随着对可持续和环保技术需求的增加，绿色经济部门开始崭露头角，这为全球投资带来新商机，在贸易中也发挥着作用。

风险管理和保险方面，与气候有关的风险管理和保险业务正在增长，以应对气候变化带来的不确定性，这可能影响金融市场，尤其是面临气候风险的地区。

总的来说，气候变化对经济和贸易有多方面影响，涵盖从自然灾害、资源供应到法规和市场机会等各个方面。企业、政府和国际组织都在积极应对这些挑战，力求在应对气候变化的同时推动可持续的经济增长。

跨领域提问的关键在于，首先，要明确指出问题是跨领域的，这样AI才能从多个角度进行分析。其次，要为AI提供足够的背景信息，帮助它建立不同领域之间的关联。

> **【例】补充背景信息：气候变化对经济发展的影响**
>
> 在分析气候变化对经济发展的影响时，我们可以提供关于全球气候模式变化、不同国家的经济结构以及国际贸易规则的背景信息。如果AI的回答需要更多信息，我们可以通过引导对话来进一步交流，比如追问它："在应对气候变化的政策中，哪些措施对国际贸易产生了直接的影响？"

通过这种方式，我们不仅能够利用AI的分析能力，还能够激发它的创造力，为我们提供独特的见解和解决方案。

假如我们不仅希望AI能够分析和综合信息，更期望它能够进行深度思考，那么我们结合多种提问方法，可以让AI深度思考并应对多文档分析与综合理解。

> **【例】深度思考：气候变化对经济发展的影响**
>
> 在对话的最开始，我们需要持续向AI提供多源数据，确保文档的内容涵盖不同的角度和观点。假设我们上传了关于气候变化的多个文档，这些文档主要涉及气候变暖的原因、影响、应对措施和国际协议等内容。在此基础上，我们可以要求AI从每个文档中提取关键词或短语，如"温室气体排放""极端气候事件""可再生能源"。这些关键词或短语就成了AI深度思考和综合分析的起点。
>
> 接下来，我们可以向AI提出多角度的问题，促使其更全面地思考和分析文档内容。

> **AI对话片段示例**

上传关于气候变暖的原因、影响、应对措施和国际协议等方面的若干文档。

为什么地球的温度会上升？气候变暖的主要原因有哪些？

地球的温度上升主要是由以下原因引起的。人类的诸多活动，例如燃烧化石燃料、砍伐森林等，致使大量二氧化碳、甲烷、氟利昂等温室气体被排放到大气里，大气的温室效应由此增强。森林被砍伐不仅会破坏生态系统，还会削弱植被吸收二氧化碳的能力。工业生产与交通运输也会释放出大量温室气体，进一步加剧气候变暖。此外，城市化进程以及土地农业方面的改变所引起的土地利用变化，会改变土地表面特性，进而影响气候。

气候变化对人类社会和生态系统有什么潜在影响？

气候变化引发了一系列严重的问题：极端气候事件变得更为频繁且强烈，飓风、洪水、干旱等极端气候事件不断涌现，威胁着人们的生活与财产安全；随着温度升高，冰川融化加上海水膨胀，致使海平面上升，这对沿海地区构成了威胁；气候变化还影响到农业产量，进而可能造成食品供应不足，引发食品安全问题；另外，气候变化给生态系统带来压力，造成物种灭绝，破坏生态平衡。

有效应对气候变暖的措施有哪些，政府和个人可以采取什么行动？

应对气候变暖的有效措施包括以下内容。温室气体排放的减少可通过以下方式达成：一是采用清洁能源，二是提高能源效率，三是减少交通工具的碳排放。森林保护需要做到减少森林砍伐，借助森林保护吸收更多二氧化碳。可持续农业提倡采用可持续的方式进行农业实践以减少碳排放。对可再生能源的支持表现为投资并采用太阳能、风能等可再生能源。国际合作的推动则需要政府参与国际气候协议，制定共同的减排目标。

> 国际社会已经采取了哪些措施来应对气候变化？国际气候协议的作用是什么？

国际社会已经采取了一系列措施来应对气候变化，其中包括以下内容。各国签署《巴黎协定》，承诺以国家减排目标来限制全球变暖幅度、减少温室气体排放；国际社会设立绿色气候基金，支持发展中国家应对气候变化项目；国际组织和国家通过国际能源政策，鼓励使用可再生能源并提高能源利用效率。国际气候协议促使各国集体行动，共同应对气候变化，达到减少温室气体排放、降低全球变暖风险、保护全球生态系统的目的。这些内容从多方面为用户深入理解气候变化问题提供了帮助。

如果能持续为AI提供多源数据、提取关键词、多角度提问，就能引导它进行深度思考，进而在多文档的分析与综合过程中挖掘出更具价值的信息。我们利用CARE结构来进行联系上下文追问的AI提问方式，既能运用AI的分析能力，又能激发它的创造力，让它深度思考，有助于我们深入理解复杂问题，为战略制定提供有力支撑。

提问思路

① 以知识为切入点提问：在提问时能够从知识层面进行询问，如基本概念、定义、计算方法、应对手段等方面。

② 从分析的视角提问：可依据自身所掌握的知识对想要探究的知识加以分析，然后按照分析的流程、结果或者存在的问题向AI提问。

③ 从求证的维度提问：可以对现有的结论产生疑问并提问。

追问思路

① 引入背景信息
- 告知专业领域：如在医学领域可指出心脏病学、肿瘤学等专科，让AI针对所在领域提供准确信息。
- 提供背景信息：学历、证书、工作经历等背景信息能让AI提供匹配的建议和信息。

② 引导对话
- 收集多源数据：持续提供数据、上传文档，涵盖不同角度和观点。
- 关键词提取：从资料中提取关键词或短语辅助AI识别关键概念。
- 多角度提问：提出角度不同的问题，促使AI全面思考分析。

2.3 概括总结与追问（APE结构）

APE结构由行动（action）、目的（purpose）、期望（expectation）三个关键要素组成。

行动部分规定了要执行的任务，为AI指出工作方向。

目的部分讲述任务的意图或目标，助力AI领会行动的背景与动机。

期望部分详细说明想要达成的结果，给AI明确的目标。

借助APE结构，我们可以清楚地界定任务、目的和期望，让AI更高效地辅助我们完成各类任务，提升工作效率与质量。

> 行动（action）：要完成的任务。
> 目的（purpose）：讨论意图或目标。
> 期望（expectation）：说明期望的结果。

2.3.1 提取关键信息，让AI概括总结

日常生活和工作中，存在着海量、复杂的信息与数据，能快速从众多文本里提取关键信息是一种很珍贵的技能。AI在这一点上有着极大的潜力。在我们给它设定概括标准，使其协助我们提炼核心信息的时候更是如此。这一过程既节约了我们的时间，又提升了信息处理的效率。下图是利用AI进行概括、总结和追问的步骤。

第1步：输入材料 → 第2步：设置APE → 第3步：确认关键点和主题 → 第4步：优化和修改

我们先来看如何运用APE结构有效指导AI完成提取关键信息任务。

【例】制定环保购物袋的内容营销策略

把环保购物袋相关产品信息、目标市场的相关信息、目标人群的信息（设定为"对可持续发展充满热情的环境保护人群"）等材料提供给AI，当AI理解资料后，就可以采用APE进一步发出指令提示。

指令可以这样写：

> **行动**：制定一款新推出的环保购物袋的内容营销策略。
> **目的**：在目标受众中产生轰动效应，并提高他们的环保意识，对象是对可持续发展充满热情的环境保护人群。
> **期望**：推动至少15%的预购量增长。

行动部分为AI指明了工作方向，通过我们上传的材料，AI能清楚知晓需要它干什么。

目的部分则是为了帮助AI理解任务的背景与动机，使AI明白营销策略的意图不仅是销售产品，更是传播环保理念，吸引对可持续发展有热情的消费者。

期望部分明确了想要达成的结果，不仅为AI设定了量化指标，也为我们评估任务完成情况提供了标准。

如果不设置目的和期望，AI会根据它自己的理解，随便概括提炼它认为合适的内容，因此我们需要用目的和期望指令来限制AI理解、概括和总结的方向。

通过APE结构，将复杂任务分解为简单、明确的组成部分，使AI更容易理解和执行。

当我们要求AI对文本进行概括总结时，一定要为它设定一个清晰的概括标准，这就好比给AI一个过滤器，让它能够根据我们的需求筛选出最重要的信息。

【例】对文献进行概况总结

如果我们有一份联合国教育、科学及文化组织（UNESCO）发布的关于AI时代学生能力框架的文献，我们的概括标准可能是"提取关于学生在AI时代所需具备的核心能力以及应遵循的关键原则的信息"。通过向AI明确说明这一点，它就能够专注于文章中与这些要点相关的部分，为我们提供一个概括性强的归纳和摘要。

> **···AI对话片段示例**
>
> 上传这份关于AI时代学生能力框架的文献。

> 请总结一下这份文献的主要内容，提取关于学生在AI时代所需具备的核心能力以及应遵循的关键原则的信息。

> 在AI时代浪潮下，联合国教育、科学及文化组织发布了面向学生的能力框架，旨在助力教育系统适应新时代需求。该框架强调学生需具备四项核心能力：一是以人为本的思维，要认识到AI是人类创造的工具，使用时应保持批判性思维，确保不削弱人类自主性和决策能力；二是人工智能伦理，学生要负责任、合乎道德地使用、设计并安全实践AI，了解其可能引发的伦理挑战，如数据隐私、算法偏见等；三是人工智能技术和应用，需掌握AI基础知识与技能，并通过实践项目加深理解；四是人工智能的系统设计，培养学生的问题解决能力、创造力和设计思维，以利用AI技术实现解决方案。此外，学生还需遵循五大关键原则，包括培养对AI的批判性思维、优先考虑与AI的人本互动、鼓励环境可持续的AI、促进AI能力发展的平等性以及构建终身学习的人工智能核心能力，成为负责任和有创造力的公民，更好地适应AI时代发展。在应用层面，学生能力框架提出若干建议，如与国家人工智能战略对齐、构建跨学科核心AI课程、设计面向未来的、本地可行的AI课程等，确保学生获得必要技能和知识，适应并推动AI技术发展。

想要评估AI输出内容的质量，我们可从以下方面考量：

一是理解上下文的程度。ChatGPT会依据之前的对话历史生成回应，若回答未引用先前的内容，可能表示没有很好地理解上下文。

二是回答的准确性。要核查回答中有无错误信息，如发现有不准确之处，则表示输出内容质量低。

三是连贯性。输出内容需逻辑连贯，与主题相关，语言自然流畅，否则连贯性就比较差。

四是实用性。理想的回答应满足用户需求、提供实用信息或解决方案，可据此评估输出内容的实用性。

提问思路

提出一个简洁而明确的问题，要求AI提供概括或总结。

例如：

"请总结一下这篇文章的主要内容。"

"你能给我生成这份报告的摘要吗？"

"概括一下这篇新闻报道的要点。"

追问思路

可以提供额外的细节或信息以便AI能够更准确地回答问题。

例如：

"你是否理解文章中的某些特定概念或细节？"

"你能提供文章中提到的数据、事实或例子的更多细节吗？"

"你是如何解读或理解文章中的某些部分的？"

"你对文章中提到的某些观点、理论或研究的看法是什么？"

"你对文章的结构或组织方式有哪些看法？"

"有没有什么建议可以帮助我更好地理解这篇文章？"

2.3.2 阅读和提炼海量信息

AI潜力巨大，快速阅读并提炼海量信息是一项关键技能，这在从大量数据中获取关键数据时尤为重要。与AI互动，我们能高效解读复杂文献和报告，为决策制定和问题解决提供支持。

第二章 方法篇 提问实战技巧

【例】撰写毕业论文

一名创新科技管理专业的大学生要撰写毕业论文，需要解读大量关于"AI技术与组织机构变革"的文献。

他提供了一篇参考论文的文献信息，通过与AI互动，快速获取这篇文献的关键信息。比如，他可以向AI提问："我正在写一篇以'AI人工智能与组织机构变革'为题的论文，请你帮我解读一下这篇论文的核心观点。"AI在回答过程中，不仅概述了参考文献的主要内容，还详细解释了"感知享乐（hedonic）和实用（utilitarian）属性是否会影响顾客满意度，并进而影响他们与品牌的关联度"这样具体的观点。这种深度提炼的能力，使得学生能够快速把握参考文献的关键点，为进一步研究和写作打下坚实的基础。

AI对话片段示例

参考论文文献：Magno, F. and Dossena, G.（2023），"The effects of chatbots' attributes on customer relationships with brands: PLS-SEM and importance-performance map analysis", The TQM Journal, Vol. 35 No. 5, pp. 1156–1169.
概括这篇论文的研究内容，并重点分析其中的研究方法和结果。

这篇论文的标题是《The effects of chatbots' attributes on customer relationships with brands: PLS-SEM and importance-performance map analysis》，作者是Francesca Magno和Giovanna Dossena，来自意大利的Bergamo大学。论文的目的是研究聊天机器人（chatbots）的感知享乐（hedonic）和实用（utilitarian）属性是否会影响顾客满意度，并进而影响他们与品牌的关联度。

031

研究设计和方法：

- 数据收集：通过在线问卷调查的方式，针对意大利消费者样本进行数据收集，使用了便利抽样技术。
- 数据分析：采用偏最小二乘结构方程模型（partial least squares structural equation modeling，PLS-SEM）进行预测导向的模型评估，并使用重要性-绩效图分析（importance-performance map analysis，IPMA）来获得更详细的洞察和为管理者提供行动指南。

研究发现：

- 聊天机器人的感知享乐和实用属性正面影响了顾客满意度，并改善了与品牌的关系。
- IPMA突出显示了两个最重要的属性——系统质量和聊天机器人体验，它们的性能水平有待提高，这将进一步提高顾客的满意度。

论文中提出的假设（hypothesis）：

- 聊天机器人提供的信息质量对顾客满意度有正面影响（H1）。
- 系统质量对顾客满意度有正面影响（H2）。
- 与聊天机器人的体验对顾客满意度有正面影响（H3）。
- 顾客满意度对品牌关系质量有正面影响（H4）。 研究结果：
- 信息质量（information quality）和聊天机器人体验（experience with the chatbot）对顾客满意度（customer satisfaction）有正面影响，支持了H1和H3。
- 系统质量（system quality）对顾客满意度没有显著影响，因此拒绝了H2。
- 顾客满意度对品牌关系质量（brand-relationship quality）有正面影响，支持了H4。

> 论文的结论强调了在设计聊天机器人时，需要考虑顾客真正所需的服务代理的质量和情感体验。尽管技术元素对于确定顾客满意度不是很重要，但信息的质量和与聊天机器人的情感体验对于决定顾客满意度至关重要，最终增强了品牌关系。
>
> 管理者可以根据这些发现来优先考虑改进信息质量，并在设计聊天机器人时，注重提供高质量的信息和积极的用户体验。

通过与AI的互动，我们能够快速阅读和提炼海量信息，这一过程不仅节省时间，还提高了信息处理的效率。无论是在学术研究、组织机构管理，还是在公文写作中，AI都能够为我们提供强大的支持。

提问思路

① 遇到难懂概念时要求解释：阅读中碰到难以理解的专业术语或概念，可让AI简明扼要地解释，有助于更好理解文本内容。

② 寻求进一步建议：对特定主题或领域感兴趣却不知从何读起时，可让AI查询资料，并给予深入研究该主题或领域的回答。

③ 针对特定问题提问：若对某个问题或主题感兴趣，直接向AI提问，要求AI从给定文章中提取相关信息作答。

追问思路

① 提供关键信息：给出信息来源、文献或文章的基本信息，如标题、作者、出版日期等，方便AI查询正确信息源。

② 指定阅读范围：信息较多时，告知AI你想要阅读的具体部分（如段落、关键字、条款号码、内容范围等）。

③ 明确深度需求：告诉AI希望深度提炼的信息类型，如摘要、关键观点、统计数据、案例研究等。

④ 追加细节要求：要求AI尽量详细作答，这样它能提供更有价值的信息。通过清晰提问和追问，AI能更好地满足信息需求，为我们提供针对性强的信息摘要。

2.4 分步骤提问（SAGE结构）

SAGE结构由情况（situation）、行动（action）、目标（goal）、期望（expectation）四个要素组成。

情况部分能为AI提供问题的背景与上下文，构成理解问题的基础。

行动部分明确需采取的步骤或措施，为AI指明工作方向。

目标部分对期望达成的效果或成果进行定义，给予AI明确目标。

期望部分进一步细化预期的结果或成果，为AI提供更具体的指导。

> 情况（situation）：描述背景或情况。
> 行动（action）：描述需要做什么。
> 目标（goal）：解释最终目标。
> 期望（expectation）：希望得到的结果。

借助SAGE结构，我们能够清晰地界定任务、行动、目标以及期望，从而让AI更有效地助力我们完成各类任务，提升工作效率与质量。

2.4.1 聚类提示性追问

在应用SAGE结构进行信息处理和分析的过程中，聚类提示性追问是一种比较常用的方式，它可以帮助我们更有效地组织和理解大量数据。通过聚类提示性追问，我们可以一步步细化提问的过程，使其更加系统和高效。

具体来说，第一步是先让AI整理出信息内容；第二步再确定聚类规则，需要明确地向AI指示如何将信息进行分类和整合；第三步是根据AI的答复不断优化。

【例】分析宜家公司的AI战略发展历程

从第一段AI对话片段示例中我们可以看到，AI的回复已将符合提问的内容整合起来了，不过它未遵循合理规则整理，只是依时间顺序简单罗列事件，仍有改进之处。我们可直接向其提建议，输出我们的要求，助其更好地理解问题。比如，要求它按"不同阶段"或者"不同性质"来整理。这就叫聚类提示性追问。

> **情况**：分析宜家公司的AI战略发展历程。
> **行动**：查询资料并整理宜家公司的AI战略发展历程，呈现具体时间，并能按阶段区分。
> **目标**：能把宜家公司的AI战略按阶段清晰地表达出来。
> **期望**：提供清晰分类后的信息，并且对宜家公司的情况进行归类。

在聚类提示性追问后，我们可以看到一个清晰的阶段性发展脉络：从2015年SPACE10成立，探索AI在设计领域的应用，到2024年进一步深化AI在业务中的应用，宜家的AI战略发展可以被划分为早期探索阶段（2015—2020年）、发展阶段（2021—2023年）和成熟应用阶段（2024年及以后）。这一分类不仅帮助我们理解宜家AI战略的发展历程，还揭示了其在不同阶段的重点和成就。

… AI对话片段示例

> 请帮我查询资料并整理宜家公司的AI战略发展历程，并简单介绍一下，要呈现具体时间。我需要这些信息来完成我的创新管理学作业。

宜家公司的AI规划及发展历程如下：

2015年，宜家资助的SPACE10在哥本哈根成立，并以其作为未来生活实验室和产品创意孵化器。SPACE10开始探索AI在设计领域的应用，例如用生成式AI设计原型，通过输入"轻量级""可持续""可回收""易于移动"等提示词来设计沙发，挑战传统家具设计观念。2017年，宜家推出IKEA Place应用，这是其在增强现实（AR）领域的尝试，该应用与苹果的ARKit合作，允许用户扫描房间并放置宜家的家具模型，查看家具在实际空间中的效果。2020年，宜家收购硅谷人工智能公司Geomagical Labs，为其数字设计体验提供技术支持。2021年，宜家开始利用AI技术将其呼叫中心员工转变为室内设计顾问，通过名为billie的人工智能机器人处理一般客户询问，减少了呼叫中心的工作量，同时使员工能够接受培训成为室内设计顾问，为客户提供个性化的建议和指导。2022年，宜家推出AI驱动的数字设计体验IKEA Kreativ，用户可以使用宜家的手机应用扫描房间，抹去现有的家具，然后在其位置上放置虚拟家具，从而实现可视化。该工具结合了空间计算、机器学习和3D混合现实技术。2024年，进一步深化AI在业务中的应用，推出基于ChatGPT的聊天机器人，为顾客提供更全面的设计和购物服务；利用AI工具箱帮助员工快速创建内容和资产，以合适的方式向客户展示产品；在运营和供应链中，继续投资利用AI提高效率、降低成本。

> 我希望按照发展的阶段类型分别归类，这样介绍会更直观一些，能否帮我调整？

当然，按照发展的阶段类型分类会更直观。下面是根据这种分类方式所梳理的内容。

早期探索阶段（2015—2020年）：

> 2015年，宜家资助的SPACE10在哥本哈根成立，探索AI在设计领域的应用。2017年宜家推出IKEA Place应用，涉足增强现实领域。2020年，收购硅谷人工智能专家Geomagical Labs提供数字设计体验和技术支持。
>
> **发展阶段（2021—2023年）：**
>
> 2021年宜家利用AI技术让呼叫中心员工转型为室内设计顾问，借助billie机器人处理一般询问以减轻工作量并使员工能接受相关培训。2022年推出AI驱动的IKEA Kreativ数字设计体验，用户可通过手机应用扫描房间、替换家具实现可视化，此工具融合多种技术。
>
> **成熟应用阶段（2024年及以后）：**
>
> 2024年深化AI在业务中的应用，包括推出ChatGPT聊天机器人服务顾客、用AI工具箱助力员工展示产品、在运营和供应链投资AI提效降本。

通过提示聚类规则并让AI进行"合并同类项"，我们能够快速把握关键信息，从而做出更加明智和及时的决策。

应用SAGE结构进行聚类提示性追问的时候，我们可以使用控制引导提示，进一步优化这一过程，让AI生成更加精准的聚类规则，帮助我们高效地获取关键数据。

【例】手机消费者群体分析

假设我们是一家手机公司的市场总监，面对智能手机市场消费者群体的变化，我们需要对消费者进行细分，以便制订更有针对性的市场策略。我们向AI发出指令："我是一家手机公司的市场总监，现在智能手机的消费者群体发生了一些变化，请你帮我把相似的消费者群体分组，并告诉我你的聚类规则。"AI的回复虽然涵盖了聚类分析的一般过程，但并未直接给出具体的聚类规则。

💬 未使用"聚类提示"时，AI的回复：

1. 数据收集方面，要搜集和消费者有关的数据，像购买行为、产品偏好、年龄、性别、地理位置、收入水平等信息都在收集范围内。

2. 特征选择时，依据问题与数据特性挑选合适的特征。购买历史（例如购买频率、购买金额）、产品偏好（比如品牌、功能要求）以及地理位置等都属于常见特征。

3. 数据预处理阶段，对数据做清洗、缺失值处理以及标准化等预处理操作，从而保证数据的质量和一致性。

4. 聚类算法选择环节，挑选适宜的聚类算法用于分组。像K均值聚类、层次聚类、DBSCAN聚类等都是常见的聚类算法。

5. 确定聚类数目时，采用恰当的方法（诸如肘部法则、轮廓系数等）来确定最佳的聚类数目，也就是把消费者群体划分为几个相对稳定且具有区分度的子群。

6. 进行聚类分析时，按照选定的聚类算法和聚类数目对数据展开聚类分析，把每个消费者分到相应的聚类簇里，进而生成聚类结果。

7. 结果分析和解释时，针对得到的聚类结果，剖析每个聚类簇的特征与行为，掌握每个子群体的特性，例如购买偏好、需求、行为模式等。

8. 制订市场策略方面，根据分析结果制订对应的市场策略，针对不同的消费者群体开展有针对性的产品定位、促销活动、营销策略等，进而满足消费者需求，提升市场份额。

这些聚类规则只是常见的方法，您可以依据具体的业务需求和数据特征作出调整与自定义。

为了引导AI生成更具体的聚类规则，我们可以进一步追问：
"请给我一些具体的聚类规则。" AI随后便给出了基于购买行为、产品偏好、地理位置、年龄和性别、偏好特征、生活方式、渠道偏好、用户行为等多个维度的聚类规则。这些规则为我们提供了清晰的分组依据，使我们能够更精准地定位不同消费者群体的特点和需求，从而制订出更具针对性的市场策略。

💬 使用"聚类提示"后，AI的回复：

1. 购买行为方面，以购买历史、频率、金额等因素为依据，把消费者归为高消费者、低消费者或者潜在消费者群体。

2. 就产品偏好而言，按照消费者在产品特性、品牌喜好、功能需求等方面的差异来划分消费者群体。比如，可以把注重性能的消费者和看重外观设计的消费者区分开来。

3. 从地理位置来看，依据地理位置信息把消费者划分成不同区域或者城市的群体，这样能更具针对性地制订地方市场策略。

4. 在年龄和性别上，根据消费者的年龄阶段和性别将他们分成不同群体。例如，可以针对青少年、中年人和老年人推出不一样的产品系列。

5. 基于偏好特征，依照消费者对具有特定属性或特征的产品的偏好进行分组。例如，能把偏好健康、绿色环保产品的消费者和其他消费者区分开。

6. 根据生活方式，按照消费者的生活方式、兴趣爱好、价值观等因素分组。例如，可以把旅行爱好者和"宅家族"区分开来，从而针对不同消费者制订对应的推广活动。

7. 关于渠道偏好，依据消费者对购物渠道（线上、线下）的偏好来分组。例如，可把线上购物者和线下实体店购物者分成不同群体。

这些聚类规则只是常见的方法，您可以依据具体的业务需求和数据特征作出调整与自定义。

在公文写作中，控制引导提示同样重要。

【例】撰写多问题请示公文

假设现在我们需要向相关部门请示多个问题，涉及不同领域和需求。

首先，为AI设定概括标准，要求它关注与每个问题相关的关键信息。

其次，我们提示AI按照问题的紧急程度、重要性、涉及的部门等规则进行聚类。例如，我们可以要求AI将所有涉及财务预算的问题归为一类，将涉及人员调配的问题归为另一类，同时根据问题的紧急程度进一步细分。这样，AI就能够为我们提供一个包含了对不同问题的详细描述和相应的处理建议。控制引导提示并让AI生成聚类规则。

2.4.2 分类提示性追问

应用SAGE结构进行信息处理时，分类提示性追问是一种高效的方法，它能够帮助我们快速定位和提取关键信息。通过给出明确的分类提示，我们可以引导AI寻找关键要素。

【例】平板电脑市场分析

我们可能需要从大量的消费者评论中筛选出与产品性能、设计、续航能力等关键要素相关的信息。我们向AI提问，要求它将与"续航能力"这一标签有关的评论单独筛选出来。AI的回答可能会直接列出所有提到续航能力的评论，但可能不会进一步分类。

这时，我们需要进一步追问，要求AI根据消费者的反馈和建议进行分类。例如，我们可以要求AI将所有关于电池寿命的正面评价归为一类，将关于电池寿命的负面反馈归为另一类。这样，我们就能更清晰地了解消费者对平板电脑续航能力的满意度，以及存在的问题和改进建议。

我们的指令思路应该是这样：

> **情况**：在海量的消费者评论中，筛选出与产品续航能力相关的信息。
> **行动**：提取所有提及续航能力的评论，并根据消费者反馈的性质进行分类。
> **目标**：进一步细化消费者评论，将正面评价与负面反馈区分开来。
> **期望**：提供清晰分类后的信息，指出的问题和提出的改进建议。

通过这种结构化的提问方式，我们能够引导AI更精准地满足我们的分析需求，为市场策略的制订提供有力的数据支持。

···· AI对话片段示例

先提供海量的客户评论信息。

> 请作为客户管理人员，在这些消费者评论中，筛选出与手机产品续航能力相关的信息。

以下是一些与"续航能力"标签相关的评论：

- 我必须得夸夸这款手机的续航能力，真的太出色了！像我平时使用手机特别频繁，又是玩游戏，又是刷视频，还经常用它处理工作，一天下来电量消耗得却很缓慢。

- 我入手这款手机后,发现它的续航能力简直是一大亮点。它的设计风格简洁大方,男女老少拿着都很合适,这是外观上的优势。但续航更是让我惊艳,即使是在连续使用几个小时后,电量依然坚挺。
- 这款手机给我留下的印象特别深刻,尤其是它的续航,即使我长时间使用它。屏幕显示效果一直都很棒,而且特别耐摔,我不小心摔了好几次,屏幕都没裂,这质量真没的说。
- ……

> 这些消费者评论中的重要内容,如消费者反馈的问题、消费者提出的建议等,请帮我分类筛选出来。

消费者反馈的问题:

- 这款手机的续航能力实在让我大失所望。起初,它还能支撑一天的正常使用,可没过几个月,电量消耗速度明显加快,现在半天就得充一次电,频繁充电实在太麻烦了。
- 原本对这款手机的续航抱有很大期望,然而实际使用下来却不如人意。而且,充电后使用的时长越来越短,感觉电池质量在逐渐变差。
- ……

消费者提出的建议:

- 我特别喜欢这款手机简洁大方的设计风格,无论男女老少拿着都很合适。但希望厂家加大对电池技术的研发投入,提升手机的续航能力,这样会让这款手机更具竞争力。
- 这款手机在设设计上的创新我很欣赏,尤其是摄像头部分的设计,非常独特。但在续航这块还有很大的提升空间。
- ……

如果仍然觉得以上分类过于简单，无法满足我们对数据的深入分析需求，还可以进一步追问，引导AI按照更细致的分类思路来分类。例如，我们可以建议AI按照"性能功耗""电池续航""拍照功能""音质体验""设计风格"和"系统体验"等分类思路来分类。这样，我们就能获得消费者对平板电脑不同方面的更具体、更详细的信息，帮助我们更好地理解评价。

在信息管理与决策制定过程中，生成分类提示并引导AI的分类思路极为关键。它能让我们迅速抓住关键信息，更好地组织和运用信息，提升工作效率与质量。

2.4.3　样本示例与关键词提示性追问

在引导AI生成内容的过程中，给出样本示例是一种极为有效的策略。通过提供具体的样本，我们可以让AI"依样画葫芦"，即根据样本的风格、结构和内容特点来生成新的文本。这种方法不仅能够帮助AI更快地理解我们的需求，还能提高生成内容的质量和相关性。

【例】撰写一篇关于某员工的惩罚性决定

我们先向AI明确一些关键信息，如事件概述、违规认定、处理决定等。

AI所生成的初稿：

主题：关于员工李某在工作禁烟区吸烟导致生产区域发生火警的处理决定

日期：×年×月×日

近期，我公司发生了一起因员工违规吸烟导致的火警事件，此次事件不仅对公司的生产造成了不良影响，还带来了安全隐患。为维护公司纪

律,确保生产安全,公司管理层研究决定对员工李某的违规行为作出如下处理:

对李某进行批评教育,并处以××元罚款。要求李某参加安全培训,提高安全意识。责令李某向公司提交书面检讨,并提出改进措施。

此次事件提醒我们,遵守公司规定和安全操作规程是每位员工的责任。希望全体员工引以为戒,共同维护公司的安全和秩序。

特此决定。

某某公司

×年×月×日

AI生成的初步回答可能在内容上满足了需要,但在态度表达上有所欠缺,没有体现出惩罚的警示目的。我们可以通过提供范例的建议追问的方式,指导AI增强严厉的用词和态度。例如,我们可以用追问的方式建议AI:"这篇惩罚性决定很不错,但是在警示用词上有所欠缺,请你在此基础上进行调整,结合下面新提供的范例,增强惩罚性决定在用词表达上的严肃性,并达到警示目的。"

惩罚性决定的范例:

主题:关于员工赵某违反工作流程规定导致设备损坏及生产影响的处理决定

日期:×年×月×日

近期,我公司发生了一起严重违反工作流程规定的事件,该事件不仅直接导致了生产设备的损坏,造成直接经济损失达××元,更使得相关生产线停产××小时,给公司带来了不可估量的间接损失。经公司管理层深入调查,现就生产二部某某组员工赵某的违规行为作出如下惩罚性决定:

1. 鉴于赵某的行为给公司造成的经济损失,决定对其处以××元的罚款。

2. 给予赵某书面警告处分一次，此警告将作为未来绩效评估、晋升及奖励考量的重要参考因素。

3. 责令赵某参加为期五天的安全生产与操作流程再教育培训，并通过考核后方可重新上岗。

此次事件再次提醒我们，严格遵守工作流程与安全规范是公司稳健运营的基石。公司管理层将持续加强对工作流程执行情况的监督与检查，对于任何违规行为，都将依法依规严肃处理，绝不姑息。

本决定即日起生效，赵某须在收到本决定书后签署确认，并提交书面整改计划。

特此决定。

某某公司
×年×月×日

通过这样的建议追问，AI能够进一步优化其生成的内容，更好地满足我们的需求。

💬 参照范例和追问后，AI生成的内容：

主题：关于员工李某在工作禁烟区吸烟导致生产区域生发火警的处理决定

日期：×年×月×日

近期，我公司发生了一起极其严重的违规抽烟事件，员工李某在工作禁烟区吸烟，直接引发了生产区域的火警，此事件不仅对公司的正常生产秩序造成了严重干扰，还带来了极为重大的安全隐患。经公司管理层深入调查，依据相关安全管理制度，现就员工李某的违规行为作出如下惩罚性决定：

鉴于李某的行为给公司造成的重大经济损失，决定对其处以××元的罚款，以示惩戒。

给予李某严重警告处分一次，此警告将作为未来绩效评估、晋升、奖励等重要事项的关键考量因素。

责令李某参加为期一周的安全生产与禁烟规定强化培训，并须通过严格的考核测试后方可重新上岗。

此次事件为我们敲响了沉重的警钟，公司绝不容忍任何违反安全规定的行为。公司管理层将进一步加强对禁烟规定执行情况的监督检查力度，对于任何再次出现的类似违规行为，必将依法依规予以更严厉的惩处，绝不姑息迁就。

本决定自即日起生效，李某须在收到本决定书后签署确认，以实际行动表明其改正错误的决心和态度。

特此决定。

某某公司
×年×月×日

从上面的例子可以看出，给出样本示例并引导AI"依样画葫芦"，是一种能够显著提高AI内容生成质量的方法。

关键词的替换调整同样对AI的回答产生重要影响。

【例】"优势"和"价值"的关键词替换

"AI在帮助企业挖掘市场需求方面能够发挥什么优势？"和"AI在帮助企业挖掘市场需求方面能够发挥什么价值？"这两个指令，关键词选择"优势"还是"价值"，AI的理解和回答可能会有所不同。

💬 **提问关键词为"优势"得到的回复：**

1. 数据处理能力强

可以高效处理海量数据，包括消费者行为数据、市场动态数据等，快速整合信息，节省时间和人力成本。例如，能在短时间内分析电商平台的大量交易记录。

2. 深度数据分析

利用机器学习挖掘复杂模式和关联。比如，通过分析消费者购买行为找到产品之间的关联购买倾向，帮助企业优化产品组合。

3. 精准洞察消费者偏好

情感分析：判断消费者对产品的情感倾向，如从评论中区分正面、负面评价的原因，便于企业改进产品。

画像构建：从多维度构建消费者画像，如年龄、爱好等，使企业更好理解不同消费者的需求，开展针对性营销。

4. 趋势预测准确

动态监测：实时关注市场变化，像竞争对手动态、技术创新等，及时预测对需求的影响。

建立模型：结合历史和实时数据建立需求预测模型，考虑多种因素，如服装企业依此预测不同款式服装的需求变化。

5. 个性化服务

出色产品推荐：为消费者提供个性化推荐，根据行为模式推荐产品，提高购买可能性，挖掘潜在需求。

营销设计：助力设计精准营销活动，确定合适的渠道、内容和时机，提升营销效果。

> 提问关键词为"价值"得到的回复：

1. 高效数据挖掘

能够快速梳理大量数据，挖掘出隐藏在其中的消费者行为模式、偏好等信息，例如消费者经常购买的产品组合，为企业了解需求提供基础。

2. 精准的需求洞察

情感把握：精准分析消费者对产品或品牌的情感态度，明确满意和不满之处，如消费者对产品质量的满意度。

需求细节：详细了解消费者在功能、价格、服务等方面的具体需求，有助于企业对产品进行精准优化。

3. 趋势预见

助力早期预警：对市场趋势提前预警，包括新兴需求和即将衰退的需求，如提前发现某类电子产品新功能的潜在需求。

战略指导：为企业产品开发和市场战略规划提供依据，让企业在趋势变化中赢得先机。

4. 个性化体验

优化推荐精准化：提供个性化的产品推荐，增加消费者购买可能，如根据用户浏览历史推荐相关商品。

营销适配：使企业营销活动更贴合消费者个性化需求，提升营销转化率，如定制针对不同群体的营销文案。

通过对比可以看出，在前一个问题中，AI可能更侧重于列举其在市场调研方面的具体优势，如自然语言理解能力、快速实时响应等。而在后一个问题中，AI可能会更侧重于阐述其为企业带来的整体价值，如洞察市场趋势、确定用户需求、提供竞争优势等。

因此，在与AI的交互过程中，我们应当充分意识到关键词排列顺序、权重以及替换调整的重要性，并根据具体需求灵活调整。通过这种方式，我们可以更有效地引导AI生成符合我们期望的回答，从而在各种应用场景中发挥其最大的潜力。

> **追问思路**
>
>
>
> ① 条件追问：若想让AI顺利找到关键信息或内容，我们需设置条件，以助其确定分类规则、明确筛选原则。
>
> ② 建议追问：可采用建议的方式引导AI按我们的思路对消费者评论进行分类，或助其理解自身生成内容的优劣，从而实现文本资料的有效分析与整理。
>
> ③ 否定或错误追问：让AI生成我们所需的内容，直接否定其已生成内容并指出问题，也可将其错误置于问题中提问，让其解答，以助其认识自身错误。

2.5 角色设定、自洽追问与纠错（ROSES结构）

ROSES结构由角色（role）、目标（objective）、场景（scenario）、解决方案（expectation）、步骤（steps）五个关键部分组成，借助ROSES结构，我们能有效引导AI产出满足需求的高质量内容，提高其解决问题的效率与准确性。

角色部分界定了AI在解决特定问题时应扮演的角色，明确了身份背景，如"你是一个有十年经验的数字营销顾问"，这一设定不仅清晰界定了AI的角色定位，而且有助于提升其表现。

目标部分明确了我们所追求的目的或目标，例如"客户希望在下一个季度将其电子商务网站的流量提升30%"，这一表述精确地指出了我们的工作目标。

场景部分为我们描绘了问题发生的背景环境，如"客户最近在他们的网站上推出了一系列环保家居产品"，这一描述提供了具体的情境信息，有助于我们更好地理解问题并找到解决方案。

解决方案部分阐述了我们所期望得到的结果或解决方案，例如"客户正在寻求一个详细的搜索引擎优化战略"，这一表述清晰地表达了客户对解决方案的期望。

步骤部分包括了为实现解决方案所需的具体行动或步骤，如"执行一个全面的搜索引擎优化审计，进行关键字研究，具体到生态友好的产品市场，页面上的搜索引擎优化，包括元标签和产品描述，并创建一个反向链接策略针对有信誉的可持续性博客和网站"，这一详尽的步骤列表不仅明确指出了实现目标的路径，而且为AI指明了生成内容的逻辑和方向。

> 角色（role）：指定AI所扮演的角色。
> 目标（objective）：说明目的或目标。
> 场景（scenario）：描述背景情况。
> 解决方案（expectation）：定义期望的结果。
> 步骤（steps）：询问达成解决方案所需的行动。

> **角色**：你是一个有十年经验的数字营销顾问。
> **目标**：客户想在下一个季度将他们的电子商务网站流量提升30%。
> **场景**：客户最近在他们的网站上推出了一系列环保家居产品。
> **解决方案**：客户正在寻求一个详细的搜索引擎优化战略。
> **步骤**：提供的步骤包括执行一个全面的搜索引擎优化审计，进行关键字研究，具体到生态友好的产品市场，页面上的搜索引擎优化，包括元标签和产品描述，并创建一个反向链接策略针对有信誉的可持续性博客和网站。

2.5.1 让AI强化学习，获得精准回答

通过角色设定和ROSES结构，我们可以更有效地引导AI进行强化学习，从而获得精准回答。

> 【例】制定传媒公司企业文化建设策略

如果我们设定AI为"一家传媒公司的HR"，这一身份信息有助于AI聚焦于传媒行业的人力资源管理领域，从而提供更具针对性的建议。

然后，运用ROSES结构，我们可以进一步细化问题的背景和需求。比如，可以这样构建问题："作为一家传媒公司的HR（角色），我需要建设符合行业特点的企业文化。我们的目标是提升员工的创新能力和团队合作精神（目标），同时增强公司的社会责任感。最近，公司推出了一系列创新项目，但团队合作和创新氛围尚未形成（场景）。我需要制定一个详细的策略来推动企业文化的发展（解决方案）。"

通过这样的结构化提问，我们可以引导AI提供更具体、更实用的建议。

在实际应用中，如果AI提供的建议不够具体或与实际情况不符，我们可以通过反馈和追问，让AI进一步调整和优化其回答，让它在错误中学习。

> AI对话片段示例

作为一家传媒公司的HR，请问应该建设什么样的企业文化？

建设企业文化是持续的，要考虑公司定位、目标、价值观和员工需求。以下是传媒行业企业文化建设的建议：

1. 创新和创意：传媒业发展快，创新创意是关键。可制定奖励机制、提供培训、鼓励员工提新点子。

2. 用户至上：传媒关注内容和服务，要秉持此理念。可建立反馈机制、调查需求、积极回应反馈。

3. 团队精神：团队需密切合作，各环节成员要相互支持。可组织团队建设活动、鼓励合作、设置团队合作奖励。

4. 社会责任：传媒公司要关注社会责任，积极参与公益活动。可组织慈善活动、支持员工做志愿者、鼓励员工关注热点问题。

5. 学习和发展：传媒知识更新快，公司要不断学习提高。可提供培训发展机会、鼓励自我提升、设置学习奖励。

6. 绩效导向：传媒公司关注业绩效益以保持竞争力。可建立绩效评价标准、鼓励追求高绩效、设置绩效奖励。

总之，传媒公司HR建设企业文化要关注以上方面并采取措施推动落地生根。

虽然你提供的建议很有启发性，但我希望你能更具体地说明如何在日常工作中鼓励员工的创新和团队合作。

为了建设符合传媒行业特性的企业文化，并且特别鼓励员工的创新和团队合作，作为传媒公司的HR，你需要着重关注以下几个要点：

1. 创新与创意的激发：

在公司内部设立创新奖励机制，对提出有价值的新点子或方案的员工给予认可和奖励。

定期举办创意工作坊和头脑风暴会议，鼓励员工自由表达想法，促进创新思维的碰撞。

> 提供创新培训和资源支持，帮助员工提升创新能力，如设计思维、跨界合作等课程。
>
> 2. 团队精神的培养：
>
> 组织定期的团队建设活动，增强团队凝聚力和协作能力。
>
> 设立团队合作奖励，表彰在团队项目中表现突出的个人和团队。
>
> 强调跨部门协作的重要性，打破部门壁垒，促进信息流通和资源共享。
>
> 3. 学习和发展的机会：
>
> 提供丰富的培训资源和发展机会，帮助员工持续学习新知识、新技能。
>
> 鼓励员工自我提升，如参加行业会议、在线课程等，并给予一定的支持和奖励。
>
> 4. 绩效导向的激励机制：
>
> 建立公平、透明的绩效评价体系，确保员工的努力能够得到准确评估。
>
> 设立绩效奖励制度，对高绩效员工进行表彰和奖励，激发员工的积极性和创造力。综上所述，作为传媒公司的HR，在建设企业文化时，应重点考虑如何激发员工的创新精神和团队合作能力。通过设立奖励机制、提供培训支持、营造积极向上的工作氛围等方式，可以有效推动企业文化的落地生根，并助力企业实现可持续发展。

在AI"角色"设定互动的过程中，还有一种常见的需要，即需要AI体现出角色的"专业程度"。这种情况下，我们需要通过提示AI进行强化学习和优化提问关键词的方法来追问，这样可以显著提高其回答的准确性和相关性。

强化学习是一种机器学习方法，通过与环境交互，根据奖励或惩罚来调整AI的行为，使其不断改进。在这一过程中，常用的机制是提供"提问关键词"进行相关追问。

一方面，我们需要使用简洁明了的语言，避免模糊不清或有歧义的词语；另一方面，我们需要进一步优化提问关键词，让这些关键词能表达出AI的"专业角色"。

> 【例】撰写一篇关于"AI工具对企业行政工作的影响"的材料
>
> 我们要明确提出："请从数据分析与决策支持、人力资源管理与招聘、客户服务与沟通改进、安全与隐私问题、成本管理与资源优化、未来发展与趋势展望这六个角度出发，完成关于'AI工具对企业行政工作的影响'的文章的全部内容。"通过这种方式，AI能够更准确地理解我们的需求，并提供详细的回答。
>
> 当AI根据提问关键词提供回答后，我们应对其内容进行评估。如果发现回答中的信息不够准确或与预期有偏差，我们可以通过自洽追问的方式，指出具体问题并要求AI进行修正。例如，当AI初步提供了关于"AI工具对企业行政工作的影响"的写作角度后，我们可以根据实际情况判断这些角度的可用性，并将其作为条件进行追问。又例如，如果AI在讨论"AI工具对人力资源管理的影响"时，没有充分考虑到招聘流程的自动化，我们可以追问："在招聘环节，AI工具如何实现自动化筛选简历，提高招聘效率？"这样的追问不仅帮助AI纠正错误，还能使其在未来的回答中更加全面和深入。

优化提问关键词并引导AI进行强化学习，不仅有助于我们获取更精准的信息，还能促进AI在特定领域的知识积累和理解深化，从而在与AI的互动中提供更高质量的服务。

> **追问思路**
>
> ① 你是谁,即让AI扮演特定的角色。
> ② 做什么,即让AI具体做什么。
> ③ 怎么做,即具体如何做,有什么要求,可以用"必须""注意"等强调。
> ④ 不要做,即禁止AI做什么,如"不要跑题""不要超出字数限制"等。
> ⑤ 输出内容,即输出什么,如"输出文本""只输出修改的部分"等。

2.5.2 自洽式追问,明确纠错

如果AI的答案存在明显的错误,并且不符合设定的"角色"的内容,那么我们可以通过自洽式追问的方式,帮助AI改正错误,促使其开展更深入的学习与理解,在后续的互动中给出更精确、更贴合用户需求的回应。

【例】人力资源管理的六大模块是哪六个?

在实际应用中,自洽追问可以采取多种形式。例如,我们可以直接指出AI回答中的错误,并提供正确的信息,要求AI据此更新其知识库。也可以通过提问的方式,引导AI自我反思和自我纠正。例如,我们可以问:"你提到的'人力资源信息系统'是否属于人力资源管理的六大模块之一?如果不是,那么正确的六大模块应该是哪些?"通过这样的追问,AI不仅能够纠正错误,还能在思考过程中加深对知识点的理解。

> **AI对话片段示例**

> 人力资源管理的六大模块具体是哪六个？

人力资源管理一般包含六大模块，这六大模块涉及组织内人力资源相关的所有方面。

其一为招聘与招聘管理模块，此模块包含招聘、职位发布、面试、候选人筛选以及录用等事务，其目的在于保证组织能招到契合业务需求的人才。

其二是培训与发展管理模块，该模块聚焦于员工的职业生涯发展以及提升他们的技能水平，涉及培训计划、继续教育、晋升机会等内容。

其三为绩效管理模块，绩效管理包含制定绩效标准、评估员工绩效、给予反馈和构建奖励系统，这对提高员工表现、监督和评价员工有所帮助。

其四是员工关系管理模块，此模块着重于员工和雇主之间的关系，包括处理冲突、解决问题、管理劳工关系以及制定构建积极工作环境的制度。

其五是薪酬福利管理模块，这个模块包含工资、薪酬体系、福利计划、健康保险和退休计划等方面，以确保员工得到公平的薪酬和福利待遇。

其六是人力资源信息系统模块，一个用于管理和追踪人力资源数据（如员工档案、工资单、绩效评估和培训记录等）的集成信息系统，有助于提升数据管理效率和决策制定。

这些模块共同帮助组织有效地管理人力资源，以确保员工的发展满足业务需求，并维护积极的员工关系。不同的组织可能会根据其需求和规模对这些模块进行不同程度的调整。

> 你提到的"人力资源信息系统"是否属于人力资源管理的六大模块之一？如果不是，那么正确的六大模块应该是哪些？

多谢您的指正。按照您给出的信息，以下是人力资源管理六大模块的更新版内容。

其一，人力资源规划，该模块着眼于规划与预测员工需求，旨在满足组织未来的业务需求，具体涵盖确定岗位需求、进行劳动力分析以及制定人力资源策略。

其二，招聘与配置，这个模块着重于招聘新员工来填补组织内的职位空缺，工作内容包括发布招聘广告、开展面试、进行选聘并将员工分配到合适的岗位。

其三，培训与开发，此模块主要是培训员工从而提升其技能水平，推动员工的职业发展，确保他们能胜任自身的工作职责。

其四，绩效管理，它包含设定目标、评估员工绩效、给予反馈、实施奖励以及提供发展机会，进而推动员工的绩效得以提升。

其五，薪酬福利管理，该模块聚焦于员工的薪酬、福利计划，以保障员工得到公平的报酬与福利。

其六，劳动关系管理，这一模块包括与工会或员工代表进行协商、处理劳动争议、维护员工关系以及制定劳动方案与程序。

我已经依据您提供的信息对"人力资源管理六大模块"作出了更新，从而确保日后能给出准确的答复。

另一种自洽式追问方式，是当AI首次给出错误的回答时，通过明确的纠错和多角度追问来引导AI进行自洽。

【例】人力资源管理的三支柱模型是哪些？

比如，AI初次回答"人力资源管理的三支柱模型有哪些"时，回复为招聘与用人、培训与发展、绩效管理与奖励。我们可以直接指出它的错误，并提供正确的概念解释："很遗憾，我要否定你的上一个回答。'人力资源三支柱模型'也叫'HR Three-Pillar Model'，一般认为，三支柱是指专家中心、人力资源业务伙伴和共享服务中心。请你在后续对话中牢记这一点。"通过这种方式，AI能够在错误中学习，并在后续的回答中提供更准确的内容。

自洽式追问不仅有助于纠正AI的错误，还能促进其在特定领域的知识积累和理解深化。在此基础上，可以进一步采用多角度追问，这种方式可推动AI达成高度自洽、作出调整并不断精进，让我们可以得到更全面、更深入的回应。如此一来，我们既能纠正AI的错误，又能引导它从不同角度思考问题，最终生成更高质量的内容。

【例】马斯洛需求层次理论

当AI给出一个基本正确、但不够全面的回答时，我们可以通过多角度追问来拓展和深化其回答内容。例如，我们首先可以从历史发展的纵向角度提问，要求AI解释该理论的历史意义。AI的回答可能会涵盖其在心理学、管理学、心理治疗和教育领域的深远影响。这样的回答不仅丰富了我们对理论的理解，还展示了AI对不同领域知识的整合能力。

进一步地，我们还可以从横向角度对比同期的激励理论，询问AI"马斯洛需求层次理论的优越性在哪？"AI可能会指出其综合性、层次结构、重视个体差异以及自我实现概念的重要性，以及其在多个领域的广泛应用。

通过明确纠错和多角度追问，我们能够引导AI生成更加优质、贴合需求的内容。

>
> **追问思路**
>
> 多角度追问形式多样且各有内涵价值：
> ❶ 横向追问：从平行层面展开，如研究社会现象时涉及不同地区表现、群体态度、类似现象在其他领域体现等，能拓宽视野，避免以偏概全。
> ❷ 纵向追问：沿垂直方向深入挖掘，如研究企业经营从表面现象深入到底层根源，揭示复杂因果关系。
> ❸ 逆向追问：反常规思路，从结果反向推导过程或从目标反向思考条件，在产品设计等方面可突破传统思维局限。
> ❹ 上下文追问：在更大语境审视问题，如用在解读文学作品时的前后情节、研究报告的前后数据等。

本章介绍的五大提问结构"万能公式"，能帮我们更清晰、直观地整理材料和提问思路。但是，我们不必让它们成为限制我们的枷锁，当我们掌握了"万能公式"的提问理念之后，在实际应用中可以灵活使用。在接下来的第三章，我们将结合公文写作的实际体例，深入介绍实践操作。

第三章

基础入门案例篇
向AI提问，生成和优化公文文本

3.1 常用的AI写作工具

3.1.1 DeepSeek

DeepSeek是由国内领先的AI团队——深度求索开发的一款大语言模型，它在2025年春节期间迅速崛起，成为全球AI领域的焦点。凭借其强大的推理能力和开源共享的策略，DeepSeek不仅在国内引发了广泛关注，还在国际上掀起了波澜，被誉为开源大模型中的"最强王者"。其独特的技术架构和高效的训练方式使其在性能和成本上都具备显著优势，成为AI领域的一颗新星。

DeepSeek具有以下特性与能力：

·强大的推理能力

DeepSeek的最大优势在于其推理能力。与传统的大语言模型不同，DeepSeek通过强化学习等先进技术，能够更深入地理解和分析问题，从而提供更具逻辑性和创造性的答案。它不仅能够理解用户的需求，还能主动发现并补充用户可能忽略的细节。

·开源共享

DeepSeek采用了开源策略，允许用户免费使用和修改其模型权重。这种开放态度不仅降低了开发门槛，还为全球AI研究人员提供了宝贵的参考和借鉴，推动了整个行业的技术进步。

·多语言支持

DeepSeek支持多种语言，包括中文、英文和其他语言，能够满足不同用户的需求。这使得它在全球范围内具有更广泛的应用场景。

·高效的内容生成

DeepSeek能够生成自然、流畅的文本内容，适用于多种场景，如文案创

第三章 基础入门案例篇 向AI提问，生成和优化公文文本

作、代码生成、学术写作等。其生成的内容不仅逻辑性强，还具有一定的创意性，能够帮助用户快速完成各种任务。

如何使用DeepSeek：

DeepSeek目前支持网页端（https://chat.deepseek.com/）和移动端（App）访问，用户可以通过注册账号后登录使用。此外，一些知名平台如腾讯元宝（https://yuanbao.tencent.com/chat）也已经接入了DeepSeek的模型，用户可以通过模型切换的方式直接使用。这种多平台支持使得DeepSeek的使用更加便捷，用户可以根据自己的需求选择最适合的方式。

DeepSeek的网页端界面

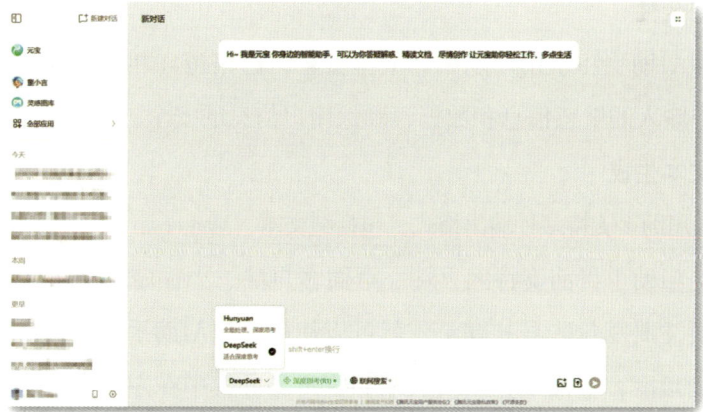

通过腾讯元宝平台使用DeepSeek

3.1.2 豆包

字节跳动是国内领先的科技公司，其推出的豆包AI助手是基于豆包大模型技术的生成式对话产品，豆包AI助手能够理解自然语言文本的含义和上下文，并能够根据用户的问题或需求提供准确的回答和解决方案。此外，豆包AI助手基于大量的语料库和知识库进行训练，具有广博的知识储备，能够根据用户的问题或需求提供相关的知识和信息。

豆包AI助手具有以下特性与能力：

·多种语言支持

豆包AI助手支持多种语言，包括中文、英文和其他语言，可以为全球范围内的用户提供帮助。

·个性化交互

豆包AI助手能够根据用户的输入和交互历史进行个性化交互，提供精准和个性化的服务。

·实时更新

豆包AI助手能够实时更新自己的知识库和模型参数，以保持高效率和准确性。这使它能够随时为用户提供更新、更准确的信息。

·安全性

豆包AI助手注重用户隐私和数据安全，严格遵守相关法律法规，能够保护用户输入的敏感信息和数据，确保用户信息的安全。

·文本生成

豆包AI助手支持多种输出格式，包括纯文本、Markdown、HTML、代码等。

豆包AI助手目前支持网页端、桌面客户端、小程序端和H5端访问，用户只需要注册豆包账号并登录，就可以使用豆包AI助手的各种功能。从公文写作的角度，下面仅介绍网页端和客户端。其中在左侧的菜单中，可以找到"AI智能体"，在搜索框中可以输入"公文写作"，结合本书的技巧使用这些智能体，就可以便捷地进行公文写作。

豆包的桌面客户端界面

从左侧菜单可以进入智能体界面

3.1.3 Kimi

Kimi是由月之暗面科技有限公司（Moonshot AI）开发的一款国产AI助手，其团队由清华大学的杨植麟教授创立，汇聚了来自Google、Meta、Amazon等科技巨头的顶尖人才。Kimi以其强大的技术支撑和多语言对话能力迅速崭露头角，成为国内用户广泛使用的AI工具之一。

Kimi的特性与能力：

·长文本处理能力

Kimi支持长达20万字甚至200万字的输入和输出，这一能力在全球大模型服务中处于领先地位。它能够快速处理长篇文献、报告、合同等复杂文档，提供精准的摘要和分析。

·多文档分析

Kimi能够同时阅读和分析多达50篇PDF文件，提炼文章要点，并通过追问的方式进一步深入了解内容。这一功能使其在学术研究、市场调研等领域表现出色。

·多语言支持

Kimi擅长中英文对话，能够提供安全、有帮助、准确的回答。它还支持多种文件格式，包括TXT、PDF、Word、PPT和Excel等。

·实时联网搜索

Kimi具备实时联网搜索能力，能够结合搜索结果提供全面且准确的回答。这一特性使其在信息获取和知识更新方面更具优势。

Kimi目前支持网页端、客户端和小程序端三种访问方式。

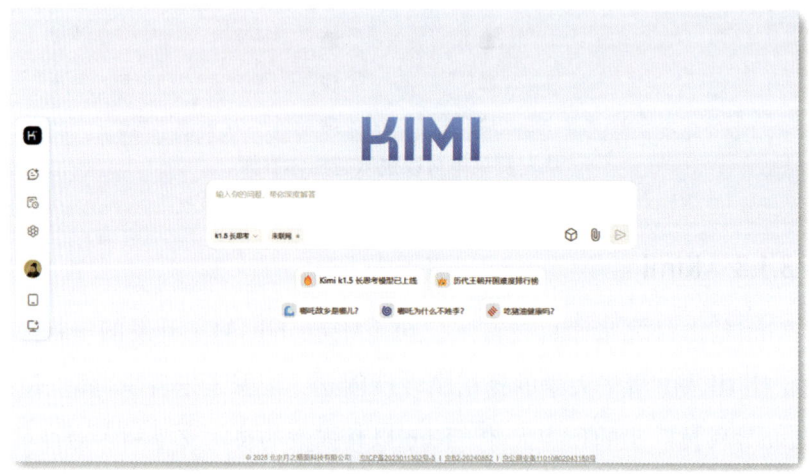

Kimi的网页端界面

3.1.4 文心一言

百度是我国人工智能领域的领军企业，之前主要专注于搜索引擎、自动驾驶等领域。文心一言是百度研发的人工智能大语言模型产品，也是国内目前比较流行的大模型之一。用户可通过输入特定的指令与文心一言进行互动交流，提出各种问题或请求，借此获得所需的信息、知识及灵感，从而实现高效的信息获取和创意产出。

文心一言具有以下特性与能力：

·多语言支持

支持中文和英文等多语言的交互，可以实现跨语言的沟通。

·知识图谱

构建了包含多个实体关系和属性的知识图谱，能够从大量的文本中自动抽取知识并进行结构化表示。

·深度学习技术

采用了深度学习技术，能够对海量的文本数据进行特征提取和学习，从而实现强大的自然语言处理能力。

·可扩展性

具有良好的可扩展性，可以通过增加数据和算力来提升其性能和功能。

·应用广泛

可以应用于多个领域，包括智能客服、智能问答、机器翻译、文本生成等。

文心一言支持多种语言的输出，包括中文、英语、日语、韩语等，还支持多种文本格式，包括纯文本、Markdown、HTML等。文心一言支持上传文件（文档、图片等）并能理解文件中的内容，但目前不支持直接输出文件。

百度在语音识别方面有深厚的技术积累，因此文心一言支持语音输入，可以快速、准确地将语音指令转为文本指令，但目前不支持直接输出语音。

文心一言的使用方法：

文心一言目前支持网页端、客户端、小程序端和H5端访问，用户只需要注册百度开放平台账号并登录，就可以使用文心一言的各种功能。

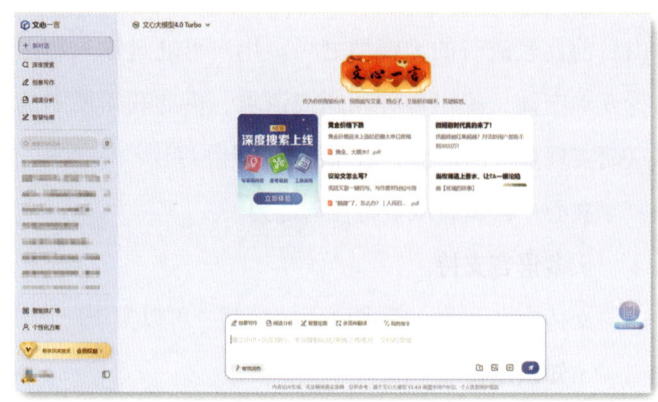

文心一言的网页端界面

3.1.5 科技云

科技云（Technology Cloud）（https://www.y.org.cn/）是基于大语言模型的AI聊天程序，由领先的科技公司开发。科技云的表现十分出色，上线后很快就吸引了大量用户的关注，带动了大语言模型的风潮。

科技云具有以下特性与能力：

• **文本生成**

依靠海量文本数据训练，能够生成自然、流畅和格式一致的文本，在自然语言生成任务中表现出色，可以用于创意写作和生成故事。

• **对话管理**

虽然科技云不是专门为对话设计的，但能有效地参与和管理多轮对话。

• **上下文理解**

可以捕捉长序列的依赖关系，因此它能够理解上下文，并据此生成回应文本。它还能够理解长文本并生成简洁的摘要。

·内容推荐

基于给定的上下文,科技云能够推荐相关的信息或行动。

·文本分类和标签

可以用于某些文本分类或标签分配任务。

科技云目前支持网页端访问,用户注册科技云账号并登录,就可以使用其基本功能。目前,科技云网页端提供基础版和高级版两个版本,基础版向所有注册用户开放,提供基本功能;高级版仅向付费用户开放(须成为科技云Plus服务订阅用户),该版本提供一些尚处于测试阶段的高级功能,如高级数据分析等。

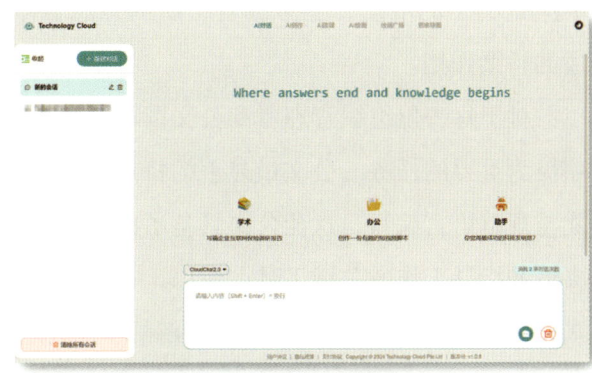

科技云的网页端界面

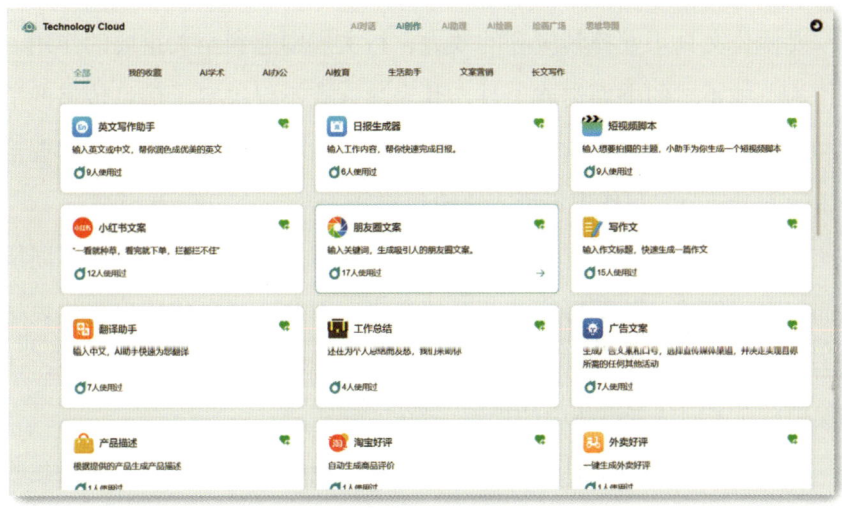

科技云的AI写作界面

3.2 公文写作入门

3.2.1 公文的特点

在当今复杂多变的组织管理环境中，公文作为组织机构传递信息、管理事务、制定决策和规范行为的重要载体，其重要性不言而喻。公文不应是文字的堆砌，它承载着组织的意志，体现了决策的权威，起到沟通的桥梁作用。

对于每一位组织管理者和公文撰写者而言，深入理解公文的特点是一项极为重要的任务。公文最显著的特点就是其正式性。公文一般用法定格式与规范语言编写，这让公文具备了权威性和法律效力，也使之成为组织决策和指导工作的关键工具。所以，在撰写公文时，要求必须严格遵循格式和语言规范，杜绝任何易引发误解的模糊表述。

3.2.2 公文写作要点

要使公文真正发挥其应有的效力，行文规则起到至关重要的作用。公文作为一种正式的书面沟通工具，其表达方式不仅决定了信息传递的清晰度和准确性，还直接影响到组织机构的权威性和专业性。因此，掌握恰当的表达方式是公文写作中不可或缺的一部分。

公文写作要求使用正式用语和规范的术语。公文往往需要在不同层级和部门之间传递，甚至可能涉及对外交流。因此，避免使用口头化表达、俚语或非正式语言至关重要。正式用语不仅能够增强公文的专业性，还能确保信息在不同读者群体中的理解一致性。

在使用术语和缩写时，公文需要特别注意解释和统一性。如果某些术语或缩写对大部分读者来说较为陌生，首次出现时应加以解释，确保读者能够理解其含义。此外，整个文件中应保持术语和缩写的统一使用，避免混淆。

公文的表达需要明确且简洁。冗长和复杂的句子往往会增加误解的风险，而简洁的表达则能够帮助读者快速抓住重点。每个句子应尽量表达一个明确的概念或观点，避免不必要的赘述。这种简洁性不仅有助于提高公文的可读性，还能提升组织机构的沟通效率。

公文的内容组织应遵循逻辑顺序，确保信息的流畅传达。逻辑清晰的结构能够帮助读者更好地理解公文的意图和内容。虽然公文写作中通常会使用过渡词语来引导读者理解文本结构，但在表达方式上，应避免过于机械的顺序词，尽量通过自然流畅的语言和结构来实现逻辑的连贯性。

在整篇公文中，必须保持语言风格的一致性。不一致的表达方式可能会让读者感到困惑。

在撰写公文的时候，AI人工智能可以成为我们的得力助手，结合第二章的五种提问公式，能帮助我们高效地完成这一任务。尽管部分AI工具可能已经具备一定的公文写作知识，但这些知识可能并不完全规范或完整，因此我们需要掌握向AI准确提问的技巧，以确保提问指令准确有效。

为帮助读者有效提高公文表达水平，本书第四章提供了大量公文写作的经典表达，可用于向AI发出指令提示。

3.2.3 公文的基本分类

我们虽能直接让AI工具输出各类公文内容，但由于AI学习或材料误差，输出内容可能存在问题，这会耗费大量时间调整修改，而且我们撰写的公文可能有特殊要求，所以训练好AI工具是提升工作效率的关键。我们要了解公文的特征与使用场景，本书将按五个大类介绍公文特点与细分类别。

3.2.3.1 指令决策类：决议、决定、命令（令）

指令决策类公文是公文写作中最具权威性和指导性的部分。这类公文主要包括决议、决定和命令（令），它们在组织机构的管理与决策过程中发挥着核心作用。

决议是指令决策类公文的重要形式，承载着组织重大决策与指导思想。它非常正式，遵循严格的格式与法律法规，以保障在组织内外的合法性和权威性。其内容包含具体决策、决定或建议，对组织成员有约束力。其特点包括正式性、决策性、规范性、明确性、合法性与权威性。

决定侧重于对具体事务明确指导规范，以严肃正式语言格式呈现，体现上级对下级的要求且具强制性，内容须清晰明确以便执行，其特点包括严肃性、强制性、明确性。

命令（令）是指令决策类公文中强制性最强的形式，由特定权力机关发布，内容涵盖重要行政措施，有发布令、行政令、嘉奖令和任免令等。命令（令）在组织管理中作用重大，源于其权威性和强制性，其特点为重要性、权威性、强制性（公文中最高）。

需要注意的是，指令决策类公文的撰写和使用需要格外谨慎。它们不仅是决策的载体，更是组织权威和效率的体现。这些公文的撰写不仅需要遵循严格的格式和规范，还需要确保内容的准确性和权威性。

3.2.3.2 信息发布类：公报、公告、通告

信息发布类公文主要包括公报、公告和通告，它们是组织机构向内部、外部传递重要信息、重大事件和决策的关键工具。这些文件不仅具有高度的公开性和新闻性，还能够确保信息的广泛传播和及时更新。

公报是高级别机关发布的权威性信息发布形式，涉及党内外、国内外重大事件。核心是使公开且重要的信息能够广泛传播。内容具新闻性，为近期事件或决定且受大众关注。类型有刊物、会议、统计、联合公报等。其特点为重要性、公开性、新闻性。

公告侧重于广泛性与单一性。其内容和发文主体多样，常涉及广泛影响力事件，且一文一事。类型有要事性、政策性、任免性、法定性等，以满足不同信息发布需求。其特点为广泛性和单一性（一文一事）。

通告注重法规性与实务性，内容多与地方法规有关，以约束特定对象行为，针对具体工作有实务指导意义且涉及具体事务和部门，发布范围广，面向组织内外。类型有知照性、办理性和禁管性等，以应对不同需求场景。其特点为法规性、实务性和广泛性。

公报、公告和通告既是信息传递的手段，也是组织与公众沟通的桥梁，必须格外重视信息的准确性以及传播的广泛性，要保证内容具备新闻性和时效性，如此才能在组织管理和社会交往中起到应有的作用。

3.2.3.3　工作沟通类：意见、通知、通报

工作沟通类公文是保障各项事务得以顺利开展的重要工具，意见、通知和通报都属于这类公文，它们在内部交流、事务处置以及信息传递方面起着至关重要的作用。借助这些公文，组织可以高效地传达指导性意见、发布重大通知以及通报典型事例。

意见是工作沟通类公文的重要形式，具有多向性、针对性、多样性的特点，它包括多种类型，内容针对具体事项或组织以提供指导或建议，且行文方向可为向上级提建议、向下级传达指示、向同级提出协作意见。

通知是工作沟通类公文中最常见的形式，有多样性、广泛性、指导性和时效性的特点。其内容和作用多样且适用于多种场景，发文与受众范围广，各类单位和机关均可发布。通知事项对接收者有指导意义且常有时限，超期失效。类型包括批转性通知、转发性通知、发布性通知、事务性通知、任免性通知和告知性通知等。

通报侧重于传达代表性事件或人物事迹，具有典型性、引导性、时效性和真实性的特点。其内容多为表彰、批评近期发生的代表性事件或人物，或情况通报，目的是引导、树立组织的价值观理念，内容要实事求是。

撰写和运用意见、通知和通报类公文时特别要关注信息的准确性，不但要遵循严格的格式与规范，而且要保证内容清晰、具有指导性。

3.2.3.4 上下行文类：报告、请示、批复

上下行文类公文是沟通层级、协调事务以及确保决策得以落实的常用工具，报告、请示和批复都属于这类公文。

报告行文自下而上，用于向领导或上级汇报工作、总结经验等，写作以叙述和说明为主。类型多样且各有针对场景，具有单向性、概括性、实践性的特点。

请示是组织内部向上级请求指导或批准的公文，其内容多为权限外事项需上级批复才能执行，所以通常有对应的批复。请示内容应切实可行且在上级批复权限内。类型有求示性、求准性和求助性等，特点包括回复性、单一性、针对性、超前性、可行性。

批复与请示相对应，是上级对下级请示的回应。内容针对特定请示简单明了地提出指导意见，避免冗长解释。批复组织级别高于接收方，具有指导性和权威性。类型有批示性批复和批准性批复，其特点为被动性、针对性、权威性、简明性。

3.2.3.5 机关往来类：议案、函、纪要

机关往来类公文是连接不同部门、协调事务、促进合作的关键纽带。这类公文主要包括议案、函和纪要，通过这些公文，组织能够有效地传达意图、协商事务。

议案内容为提交人民代表大会审议的重大事项（涉及立法、决策、任免等），行文方向明确，在同级人民代表大会或人民代表大会常务委员会（以下简称人大常委会）会议期间提出以便审议决策。类型有立法性议案、决策性议案、任免性议案等，其特点包括定向性、政策性、时限性。

函是组织机构间正式沟通、协商、问答的公文，有平等性、广泛性、单一性的特点。适用于各类组织机构往来，在多种主体间都能发挥重要作

用，类型多样且针对不同沟通需求。

纪要用于记录会议决策和讨论要点，有纪实性、概括性、条理性等特点。纪要内容要真实、准确、客观地反映会议情况与议定事项，写作风格要简明，通过归纳总结让读者快速掌握要点与决策。纪要有多种类型，适应不同场景需求，在形式结构上要求内容完整、权威，以便记录决策和指导后续行动。

3.3 用AI写指令决策类公文

3.3.1 决议

决议通常分为批准性决议、阐述性决议和公布性决议。以批准性决议为例，我们可以提供一篇关于批准性决议的范文，通过提示词，让AI根据范文的格式和结构重写一篇新的决议。例如，指令提问可以是"我现在需要完成一篇针对M县的工作决议，请根据我提供的范文和资料，帮我整理成一份决议"。

批准性决议公文范文：

＿＿＿县人大常委会关于批准＿＿＿年财政预算变动的决议

（＿＿＿年＿＿＿月＿＿＿日＿＿＿会议通过）

〔　〕＿＿＿号

　　＿＿＿县人大常委会根据＿＿＿县财政局提交的《关于＿＿＿县＿＿＿年预算变动的报告》，经过充分审查和深入讨论，作出如下决议：

　　根据＿＿＿县财政局所提交的《关于＿＿＿县＿＿＿年预算变

动的报告》，本县将在_____年停止对_____项费用的征收，因此，____年____县财政预算计划由____万元下调至____万元。

本决议是在结合审计工作报告及县人大常委会的审查意见的基础上作出的，充分考虑了预算变动的必要性和合理性，也符合____县未来财政发展的需要。

____县人大常委会
____年____月____日
抄送：____，____，____，____
____年____月____日印发

提问的提示词举例：

内容是"M县关于批准AA年财政预算变动的决议"。
成文日期是×年×月×日。
M县财政预算由XX万元下调到YY万元。
决议结论是，结合审计工作报告和M县人大常委会的审查意见，批准《关于M县AA年预算变动的报告》，批准AA年的财政预算变动。
发文时间是×年×月×日。

在向AI工具提问时，关键提示词的提供至关重要。决议的形式结构通常包括标题、成文日期、正文（包括决议根据、决议事项和结语）等。在提问时，我们可以将这些要素分别明确地告知AI工具，使其能够更准确地生成符合要求的决议。

不过，AI工具输出的初稿可能仍然存在格式和内容逻辑上的问题。例如，AI可能无法完全理解文本内容的真实意义，从而输出一些看似流畅但不符合逻辑的内容。因此，我们需要对AI输出的内容进行进一步的审查和调整，确保其格式规范、内容逻辑清晰。我们还可以以初稿为基础，进一步向AI工具追问，提示词最好具体划分为几个部分，越细致越好。

得到的AI回复初稿：

M县关于批准AA年财政预算变动的决议

本决议依据M县财政局提交的《于M县AA年预算变动的报告》作出。

该报告提出，建议M县财政预算由XX万元下调到YY万元。

结合审计工作报告和M县人大常委会的审查意见，决议如下：批准《于M县AA年预算变动的报告》，批准AA年的财政预算变动。

M县人大常委会
×年×月×日

我们在得到AI的输出内容之后，可以看到内容语句通顺且无语法问题，但是仍然存在两个问题。其一，其表述与决议内容有表述细节差异，且存在冗余词语；其二，内容存在错误。我们在提示词里想表达的细节内容并未在AI工具输出的初稿中体现，所以我们要让提示词的逻辑和表述更加清晰。比如，我们可以在追问的提示指令中加入"正文部分请分段表述，不要罗列条目""强调调整AA年的财政预算"的信息。

追问的提示词优化举例：

标题是"M县人大常委会关于批准AA年财政预算变动的决议"。

成文日期是×年×月×日。

这项决议是依据M县财政局提交的《关于M县AA年预算变动的报告》作出的。

这份报告提出，AA年将停止T项费用的征收，建议M县财政预算由XX万元下调到YY万元。

决议结论是，结合审计工作报告和M县人大常委会的审查意见，批准《关于M县AA年预算变动的报告》，批准AA年的财政预算变动。

落款的发文机构为M县人大常委会。

发文时间是×年×月×日。

正文部分请按范文的结构分段表述，不要罗列条目。

注意调整AA年的财政预算。

优化指令后得到的AI回复修改稿：

M县人大常委会关于批准AA年财政预算变动的决议

×年×月×日

M县人大常委会根据M县财政局提交的《关于M县AA年预算变动的报告》，经过充分审查和深入讨论，特此决定：

鉴于M县财政局所提出的《关于M县AA年预算变动的报告》，根据该报告的建议，本县计划在AA年停止对T项费用的征收，以此为基础，决定将AA年M县财政预算由XX万元下调至YY万元。

本决议是在结合审计工作报告及县人大常委会的审查意见的基础上作出的，充分考虑了预算变动的必要性和合理性，也符合M县未来财政发展的需要。

特此决定。

M县人大常委会
×年×月×日

在实际应用中，我们还需要根据具体情况进行调整和优化，以确保决议的质量和效果。

阐述性决议和公布性决议的格式与批准性决议基本相同。

3.3.2 决定

在日常的"决定"公文使用中，企业的奖惩性决定和变更性决定的使用较为频繁，而党政机关的法规性决定和指挥性决定的使用频率比较高。

结合决定的不同形式结构，我们在进一步追问的时候，可以将这些要素分别以关键词的形式明确地告知AI，使其能够更准确地生成符合要求的决定。

以变更性决定为例，我们可以先向AI提供一篇符合公文写作规范的范文，让其按照范文的格式和结构生成新的决定。例如，提供一篇关于营销中心组织架构调整的决定范文，AI可以根据这篇范文的格式和结构重写一篇新的变更性决定。

变更性决定公文范文：（略）

提问的提示词举例：

编写决定的角色是Y公司的行政人员，目的是撰写一篇关于Y公司组织结构变更的决定。

请拟好这篇决定的标题。

正文部分的开头介绍本次组织结构变更是管理层变动，并提及缘由和目的，比如，为了提高员工的数字化水平，优化组织的运作效率，经董事会批准，作出如下任免决定。

分条目列出如下决定内容：甲某因身体情况，不再担任公司副总裁职务；原研发总监乙某提升为公司研发中心负责人；原华东大区市场经理丙某提升为公司市场总监。

结尾对新任命人员提出希望和要求。

得到的AI回复初稿：

Y公司公司管理层变动决定

公司全体员工：

为提升公司运营效率，更好地应对市场变化，经董事会批准，鉴于当前公司业务发展需求，为优化组织架构，推动公司持续稳健发展，现作出如下关于公司组织结构的变更决定。

甲某因身体情况，不再担任公司副总裁职务。在此，衷心感谢甲某为公司发展付出的努力与贡献。

原研发总监乙某提升为公司研发中心负责人。乙某在研发工作中展现出卓越的专业能力与领导素养，相信担任研发中心负责人后，能带领团队在技术创新上取得更大突破，为公司产品竞争力提升注入强大动力。

原华东大区市场经理丙某提升为公司市场总监。丙某在华东大区市场拓展方面成绩斐然，期望丙某在新岗位上，统筹市场全局，进一步拓展公司市场份额，提升公司品牌影响力。

对于新任命的乙某和丙某，公司寄予深切厚望。希望你们在新的岗位上，充分发挥自身优势，积极担当作为，紧密团结团队，以创新的思维和高效的执行力，积极参与公司战略决策与日常运营，为公司发展注入新活力，携手推动公司迈向新的发展高度。

本次组织结构变更决定自[具体生效日期]起正式生效。相信在新的组织架构下，全体员工携手共进，Y公司定能在激烈的市场竞争中再创佳绩，实现长远发展目标。

Y公司行政部
[决定发布日期]

在得到AI输出的初稿时,可以看到其中存在格式和内容逻辑上的问题。例如,标题可能不够规范,或者正文的开头和结尾显得冗长,还有指令提示没有执行。针对这些问题,我们可以进一步优化提示词,让AI生成更符合要求的内容。例如,我们可以明确要求标题的格式、强调正文的简洁性以及结尾的精练性。

追问的提示词优化举例:

标题为"Y公司内部关于组织结构变更的决定"。

在正文部分的开头,用一段话简要介绍本次管理层变动的缘由和目的:为了提高员工的数字化水平,优化组织的运作效率,经董事会批准,作出如下任免决定。

分条目列出如下决定内容:甲某因个人身体健康原因,不再担任公司副总裁职务;原研发总监乙某提升为公司研发中心负责人;原华东大区市场经理丙某提升为公司市场总监。

结尾用一段话简要地对新任命人员提出希望和要求。

优化指令后得到的AI的回复修改稿:

Y公司内部关于组织结构变更的决定

尊敬的Y公司全体员工:

为进一步提升公司管理水平,积极响应市场变化,提高员工的数字化应用能力与综合素养,优化组织运作效率,经Y公司董事会深入研讨与审慎考量,现就管理层变动事宜作出如下决定:

1. 副总裁职务调整:甲某同志因个人身体健康原因,已向公司提出不再担任公司副总裁职务的请求。经公司董事会审议,同意甲某同志的请求,并对其在职期间的贡献表示衷心感谢。

2. 鉴于乙某同志在原研发总监岗位上展现出的卓越领导能力和技术创新成果,经公司董事会研究决定,特任命乙某同志为公司研发中心负责人,全面负责研发中心的战略规划、技术创新及团队建设等工作。

3. 丙某同志在担任华东大区市场经理期间,业绩突出,市场拓展能力显著,为公司市场份额的提升做出了重要贡献。基于其优异表现,经公司董事会审议通过,决定任命丙某同志为公司市场总监,负责公司整体市场营销策略的制定与执行。

此次任免,是公司基于当前发展形势和未来战略规划作出的重要决策。对于新任命的乙某和丙某,我们寄予厚望。希望你们能够继续发挥领导才能,积极参与公司的决策和发展,与团队密切合作,共同推动公司不断发展壮大。

请全体同仁予以支持和配合,共同推动Y公司迈向更加辉煌的明天。此决定自发布之日起生效。

Y公司行政部

[发布日期]

经过优化提示词后,AI输出的决定初稿更接近公文写作的要求。但为了确保其完全符合规范,我们还需要对AI输出的内容进行审查和调整。这包括对内容的逻辑性、格式的规范性以及语言的准确性进行仔细检查和修改,最终可以得到终稿。

进一步调整后得到的AI回复终稿:

关于Y公司管理人员任免的决定

尊敬的Y公司全体员工:

为了更好地适应市场竞争和公司战略发展的需要,经Y公司董事会批准,我们进行了管理层的相应调整，旨在优化组织结构，提高员工数字化水平，并激励更多年轻有为的人才脱颖而出，以促进公司的持续稳健发展。

以下是本次管理层变动的具体决定：

甲某因个人身体健康原因，不再担任公司副总裁职务。我们衷心感谢甲某在职期间为公司所做的辛勤工作和无私奉献，并祝愿甲某在卸任后身体健康，生活幸福。

原研发总监乙某，鉴于其在研发领域的卓越贡献和出色的领导能力，经公司董事会研究决定，特升任为公司研发中心负责人。我们期待乙某在新的岗位上能够继续发挥其专业优势，带领研发团队取得更多创新成果，为公司的发展贡献更大力量。

原华东大区市场经理丙某，因其在市场拓展和销售管理方面的杰出表现，经公司董事会审议通过，决定升任为公司市场总监。我们坚信，丙某在新的岗位上能够继续发挥其销售才能，带领销售团队实现更优异的业绩。

对于新任命的乙某和丙某，我们寄予厚望。希望他们能够继续发挥领导才能，积极参与公司的决策和发展，与团队成员密切合作，共同推动公司不断向前发展。

以上管理层任免决定自×年×月×日起生效。我们相信，在新的领导层的带领下，Y公司将继续保持竞争优势，取得更加辉煌的成绩。

谢谢大家的支持与理解。

Y公司
×年×月×日

相同的方法可以用于奖惩性决定，我们可以提供一篇关于员工的表彰决定的范文，再补充相关的调整信息，让AI按照其格式和结构生成新的奖惩性决定。

法规性决定和指挥性决定的格式与前面两类决定相近。

3.3.3 命令（令）

命令（令）的种类繁多，包括发布令、行政令、嘉奖令和任免令等。这些命令（令）在党政机关和企事业单位中被广泛应用。以嘉奖令为例，我们可以提供一篇嘉奖令的范文，同时可以提供如下的指令提示表述：

"请按照以下范文的格式和结构重写一篇嘉奖令。"

嘉奖令范文：（略）

提问的提示词举例：

作为Z省政府的工作人员，需要拟一篇Y县甲某同志的嘉奖令。
请帮我拟好这篇嘉奖令的标题，包括发文机关、事由和文种。
主送机关为"各市、县人民政府"。
正文部分需要写明甲某同志在×年×月×日的抗震救灾过程中义无反顾地投身于危险的救灾工作。因此，决定授予甲某同志嘉奖奖章和证书，由Y县召开大会颁发奖章和证书，并号召党员和群众共同学习甲某同志的精神。
落款的发文机关是Z省政府。
成文时间是×年×月×日。

得到的AI的回复初稿：

Z省政府关于嘉奖Y县甲某同志的嘉奖令

各市、县人民政府：

甲某同志是我省党员干部中的杰出代表。在×年×月×日的抗震救灾过程中，他展现出非凡的英勇与担当。面对地震灾害的严峻形势，甲某同志义无反顾地投身于危险的救灾工作。

甲某同志的出色表现，生动诠释了对党员身份的高度忠诚与担当，也是对党的事业无私奉献的有力彰显。他的英勇行为为Y县的抗震救灾工作树立了榜样，为我省的防灾救灾事业做出了突出贡献。

鉴于甲某同志在抗震救灾中的卓越表现，省政府决定授予甲某同志嘉奖奖章和证书，以表彰他的英勇行为和杰出贡献。奖章和证书将由Y县政府在即将召开的大会上颁发，以此表达对甲某同志的高度敬重与嘉奖。

同时，我们号召其他党员和全体群众向甲某同志学习，共同弘扬抗震救灾精神，积极投身到灾害救援工作中，为保卫人民生命财产安全、为国家的安宁和繁荣不懈努力。

Z省政府
×年×月×日

通过这样的提示词，AI能够生成一篇符合要求的嘉奖令初稿。不过我们可以看到AI生成的这篇初稿可能在格式和内容上仍存在问题：标题不够规范，正文的重点内容不够突出等。针对这些问题，我们可以进一步优化提示词，让AI生成更符合要求的内容。

追问的提示词优化举例：

作为Z省政府的工作人员，拟一篇Y县甲某同志的嘉奖令。
标题为"嘉奖令"，标题下方写明主送机关"各市、县人民政府"。
正文部分第一段写明甲某同志在×年×月×日的抗震救灾过程中不顾个人安危，奋力抢救出了十几名受灾群众。
然后，分条目列出嘉奖事项：第一，决定授予甲某同志嘉奖奖章和证书；第二，由Y县召开大会颁发奖章和证书，并号召党员和群众学习甲某同志的精神。

落款的发文机关是Z省人民政府。

成文时间是×年×月×日。

优化指令后得到的AI回复修改稿：

嘉奖令

各市、县人民政府：

甲某同志是我省党员的杰出榜样。在×年×月×日，Y县抗震救灾的关键时刻，甲某同志不顾个人安危，毅然投身到抢险救援工作中。他英勇无畏、坚韧不拔，成功抢救出十几名受灾群众，保护了他们的生命安全。

甲某同志的英勇行为，充分展现了共产党员在危难面前的责任与担当，为全省党员树立了光辉典范，也为Y县的抗震救灾工作做出了不可磨灭的贡献。

为表彰甲某同志的突出贡献，Z省人民政府决定：

一、授予甲某同志嘉奖奖章和证书，以表彰他在抗震救灾中的英勇表现和卓越贡献；

二、授权Y县政府召开庄重的大会，向甲某同志颁发嘉奖奖章和证书，以示对甲某同志的高度嘉奖；

三、呼吁全省党员和广大群众向甲某同志学习，共同弘扬他的高尚精神，积极投身到各类灾害救援及保障人民生命财产安全的工作中，为推动我省的繁荣稳定贡献更多力量。

Z省人民政府
×年×月×日

经过优化提示词后，AI输出的命令（令）结构和内容已经接近公文写作的要求。但为了确保其完全符合规范，我们还需要对AI输出的内容进行审查和调整。这包括对内容的逻辑性、格式的规范性以及语言的准确性进行仔细检查和修改。本书后文的追问、优化操作与这部分相同，不再赘述。

其他的命令（令）的撰写与此篇格式基本相同，我们同样可以提供类似的范文格式，并在指令提示中要求AI依照相应格式生成内容。

3.4 用AI写信息发布类公文

3.4.1 公报

日常最主要使用的是统计公报，我们可以通过提供范文的方式对AI进行训练。例如，我们可以提供一篇统计公报的范文，提示词也应分成相应的几个部分，并提供具体的提示词，让AI按照其格式和结构生成新的公报。另外，由于公报涉及的数据有可能比较庞大，我们可以将数据分批提供给AI工具，再按公报的不同模块进行内容整理。

统计公报范文：（略）

我们可以让AI按照范文的格式和结构生成新的公报。AI能够学习到公报的基本结构，包括标题、成文时间、正文第一段及各级标题等要素，然后再填入相关的数据和资料。

例如，我们要整理一份教育事业发展统计公报，我们可以给AI如下指令提示表述："请严格按照以上范文的格式和结构，重写一篇教育事业发展统计公报，包括标题、成文时间、正文第一段，以及之后的一级标题。其他正文内容可省略。"

得到的AI调整后的公报格式：

_____年全国教育事业发展统计公报

［发布单位］

［发布日期］

_____年是党和国家历史上极为重要的一年。党的_____大将教育作为全面建设社会主义现代化国家的基础性、战略性支撑进行系统谋划，极具战略意义和深远影响。面对内外部环境的深刻变化，教育系统在党中央、国务院坚强领导下，坚持以_____思想为指导，深入学习贯彻党的_____大精神，积极推动教育事业取得新进步、各项工作有了新成效、教育面貌发生新变化，奋力走好教育强国建设的历史新征程，为全面建设社会主义现代化国家、全面推进中华民族伟大复兴做出教育新的贡献。

一、综合（略）

二、学前教育（略）

三、义务教育（略）

四、特殊教育（略）

五、高中阶段教育（略）

六、高等教育（略）

七、民办教育（略）

其他类型的公报由专门机构起草并发布，内容的组织过程与上面基本相同。

3.4.2 公告

公告的正文部分通常包含公告事由、公告事项和结语。我们可以通过向AI提供目标文体的范文，让其按照范文的格式和结构生成新的公告。例如，政策性公告通常用于发布新的政策或法规，我们可以结合下面的通用结构给AI工具提出指令。

公告通用范文：（略）

然后，我们可以提供更具体的提示词，让AI进一步细化。例如，如果我们需要撰写一篇关于公司员工福利政策调整的公告，可以这样提示AI：

提问的提示词举例：

我是M公司的人力资源部门的经理，请帮我写一篇关于公司员工福利调整的公告。标题是"M公司关于员工福利调整的公告"。发文字号是"×年第×号"。正文需要包括以下内容：公司将增加员工的年休假期，调整为8天；提供更全面的免费体检安排，覆盖范围扩大至家庭成员；推出新的RZ职业资格认证免费培训计划。公告执行时间为×年×月×日。如有疑问，请联系人力资源部门。落款是M公司，日期是×年×月×日。

得到的AI回复：

M公司关于员工福利调整的公告

发文字号：×年第×号

为提升员工福利待遇，改善工作生活平衡，公司决定对员工福利相关内容进行调整，具体如下：

· AI 提问大师 ·
解锁公文写作的高效密码

一、春节假期调整

自2025年1月1日起，全体员工的年休假期将调整为8天。

二、体检安排优化

公司为员工提供更全面的免费体检安排，覆盖范围扩大至家庭成员。

三、RZ职业资格认证免费培训计划推出

公司推出新的RZ职业资格认证免费培训计划，鼓励员工提升职业技能并给予支持。

四、持续关注与改进

公司将继续关注员工反馈，积极改进节日礼物相关内容，确保工作环境更加舒适。

如有疑问，请联系人力资源部门。

特此公告。

M公司

×年×月×日

如果政府公务人员需要撰写政策性公告，也可以采用同样的方式进行。例如我们需要撰写××县个人所得税优惠政策的公告，输入相关范文和信息后，可以得到AI的另一个回复：

××县税务局关于调整本县个人所得税优惠政策的公告

（发布日期：×年×月×日）

为进一步优化税收环境，减轻本县居民及企业税收负担，根据《中华人民共和国个人所得税法》及相关法律法规，结合本县实际情况，经××县人民政府批准，现就调整本县个人所得税优惠政策公告如下：

自×年×月×日起，本县居民个人工资、薪金所得的个人所得税起征点调整至每月×元。

对在本县注册并持续经营的小微企业,其投资者个人所得税缴纳可享受一定比例的减免优惠,具体减免幅度及条件由本局另行通知。

加强个人所得税征管服务,优化办税流程,确保政策落实到位,为纳税人提供更加便捷、高效的服务。

特此公告。

××县税务局

×年×月×日

要事性公告、法规性公告、任免性公告通常情况下较少使用,相对较为常用的任免性通知,我们将在通知类公文中介绍。

3.4.3 通告

通告可分为知照性通告、办理性通告和禁管性通告三类。在撰写通告时,无论哪一类通告都需要遵循一定的结构和格式。通告的结构通常包括标题、正文和落款等要素。

以禁管性通告为例,我们可以在提示指令中加入下面的关键信息:

"撰写一篇禁管性通告,标题为'关于禁止在市区内燃放烟花爆竹的通告'。正文部分应明确指出禁止燃放烟花爆竹的区域、时间范围以及违反规定的法律后果。落款为××市人民政府,日期为×年×月×日。"

提供范文如下:

××市人民政府关于禁止在市区内燃放烟花爆竹的通告

为加强市区环境管理,保障公共安全,减少空气污染和噪声污染,根据《中华人民共和国大气污染防治法》和《烟花爆竹安全管理条例》等法律法规,市政府决定,在市区范围内全面禁止燃放烟花爆竹。现将有关事项通告如下：

一、本通告所称烟花爆竹，是指以烟火药为主要原料制成，引燃后通过燃烧或爆炸，产生光、声、色、型、烟雾等效果，用于观赏，具有易燃易爆危险的物品。

二、禁放区域：（略）

三、禁放时间：上述管理措施将于____年____月____日开始实施，禁放区域内全时段禁止燃放烟花爆竹。

四、安全要求：（略）

五、违规违法行为的处罚：（略）

请广大市民自觉遵守本通告规定，共同维护市区环境秩序和安全稳定。如有发现违规燃放烟花爆竹行为，请及时向公安机关举报。

××市人民政府[盖章]

×年×月×日

知照性通告、办理性通告的公文撰写与此篇格式完全相同，在AI工具生成符合要求的通告初稿后，可以让其在格式与内容上进一步优化，我们能通过优化提示词让AI生成更契合要求的内容。同时，要确保完全符合规范，还需审查和调整AI输出的内容，仔细检查和修改内容逻辑性、格式规范性以及语言准确性。

3.5 用AI写工作沟通类公文

3.5.1 意见

意见可以分为实施性意见、指导性意见、呈报性意见和呈转性意见。

以实施性意见为例，正文部分应包括实施的背景和目的、具体的实施措施和要求，以及对下级的指导和期望。在给AI提出指令时，需要对这些部分进行重点表述。

例如，××市生态环境局发布的关于实施生态保护工程的意见，正文部分可以包括生态保护工程的重要性和紧迫性、实施的指导思想和目标、具体的实施步骤和措施等内容。通过详细的实施性意见，上级可以明确下级的工作任务和要求，确保工作顺利推进。我们可以这样提示AI工具：

"请撰写一篇关于实施生态保护工程的实施性意见。请注意！正文部分应明确指出实施生态保护工程的重要性和紧迫性，重点阐述实施工程的指导思想、基本原则和目标规划，并提出具体的实施步骤和保障措施。"

然后提供具体的意见信息、任务要求等细节内容，结合下面的范文让AI工具生成初稿。

实施性意见范文：

××市人民政府关于实施生态保护工程的意见

各区、县人民政府，市政府各部门、各直属单位：

为进一步加强我市生态环境保护，推动生态文明建设，根据《中华人民共和国环境保护法》及相关法律法规，结合我市实际，现就实施生态保护工程提出如下意见：

总体目标：

通过实施生态保护工程，全面提升我市生态环境质量，实现经济社会与环境保护协调发展。

主要任务：（略）

保障措施：（略）

各地区、各部门要高度重视生态保护工程实施工作，切实履行职责，确保各项任务落到实处。本意见自发布之日起施行。

××市人民政府

×年×月×日

以上步骤可使AI工具在意见撰写服务方面表现更佳。尽管训练AI会耗时，但当训练完成后，AI就能更高效地助力我们完成此类公文写作任务，进而提升工作效率。

3.5.2 通知

通知一般分为六类：批转性通知、转发性通知、发布性通知、事务性通知、任免性通知和告知性通知，且各类通知都有特定用途和结构。一般前三类通知采用转述式写法，后三类采用直述性写法，因此需要在指令中明确告知AI所写的通知类型。

以事务性通知为例，其主要内容是传达具体的事务安排或操作指南。比如，组织机构能发布事务性通知，明确某项工作的具体步骤和时间表，以保障工作顺利推进。示例提示词如下：

"请撰写一篇事务性通知，标题为'关于公司年度考核结果的通知'。正文需涵盖年度考核结果概述、评价细则、奖惩措施和改进计划。"

事务性通知范文：

关于公司年度考核结果的通知

公司行政发〔　〕____号

各部门主管，各分支机构经理：

为了全面评估公司各部门和分支机构在本年度的工作表现，特进行年度考核。经过慎重评估和综合分析，现将考核结果通知如下。

一、年度考核结果

本年度各部门和分支机构的年度考核结果如下：

……

（略）

二、评价细则

各部门和分支机构的年度评价主要基于以下标准：工作业绩、绩效目标达成情况、工作质量和团队合作等。评价细则已由年度考核委员会进行评定，并与各部门负责人进行了充分沟通。

……

（略）

三、奖惩措施（略）

四、改进计划（略）

如果有任何疑问或需要更多的信息，请随时联系我们。

感谢各位在过去的一年里的辛勤工作和付出。希望大家携手合作，共同努力，为公司的更大成功而努力。

____公司

____年____月____日

AI人工智能在撰写其他类型的通知时，都需要明确通知的目的、内容和要求，同样需要清晰的指令提示，确保信息的准确传达和执行的高效性。

3.5.3 通报

通报一般用于传达重要信息、表彰先进、批评错误或通报情况。其结构的正文内容是核心，它需要清晰地传达通报的目的和重点。无论是表彰先进、批评错误还是通报情况，都需要以事实为依据，语言简洁庄重，同时，通报应具有一定的教育意义，通过具体事例引导员工或团队成员学习先进经验、改正错误行为，从而推动组织整体的发展，因此在指令中有时候需要加入"归纳""总结"的指令，让AI提炼内容。

例如，如果需要撰写一篇表彰通报，可以向AI提供以下指令提示：

"请以公司人力资源部的名义，结合我提供的材料和通报的模板结构，撰写一篇表彰通报。通报的标题应明确反映表彰的主题，正文部分首先简要说明表彰的缘由，然后详细列出被表彰对象的主要事迹和贡献，接着阐述表彰的具体奖励措施，最后提出对全体员工的教育意义和期望要求。"

指令后面要附带详细资料，一般可以通过上传文件或以纯文字的方式提供给AI工具。

表彰通报范文：

关于表彰____同志的通报

为了总结成绩、激励先进、弘扬典型，进一步激发广大员工的积极性和创造性，特发布以下表彰通报。

____同志是公司的一位杰出员工，他在过去的一年中表现出色，为公司的发展做出了卓越贡献。

（此处详细描述卓越表现）

公司决定授予____同志以下荣誉和奖励：

（略）

____同志的成功经验值得其他员工学习借鉴。希望被表彰的____同志能够继续保持高尚的职业道德和工作激情，为公司的长远发展贡献力量。

A公司

____年____月____日

相对应地，在撰写批评通报时，其主要内容是指出错误行为、分析原因并提出改正要求。在实际应用时，不管是表彰通报还是批评通报，都需依据具体情况加以调整优化，从而保证通报格式规范、内容准确、表述清晰。

3.6 用AI写上下行文类公文

3.6.1 报告

报告具体可分为工作报告、情况报告、建议报告、答复报告和报送报告，这五类的结构基本相同。

例如，我们需要撰写一篇工作报告，可以结合范文向AI提供以下指令提示：

"撰写一篇工作报告，报告的标题应明确反映报告的主题，正文部分首先简要说明报告的目的和背景，然后详细汇报工作进展、取得的成果以及遇到的问题和困难，最后提出下一步的工作计划和建议。"

报告范文：

A市质量技术监督局关于加强我市_____监管建议的报告

质监局〔　〕____号

为了保障人民群众的生命财产安全，构建和谐社会，本着"安全第一，预防为主"的原则，我局对全市_____状况进行了普查。现将普查情况报告如下。

一、我市_____的基本情况（略）

二、我市_____存在的主要问题（略）

三、抓好我市_____监管的几点建议（略）

A市质量技术监督局

____年____月____日

____年____月____日印发

需要注意，在撰写报告时要提供必要的信息，不明确的指令可能会导致AI工具回复的内容产生偏差或者错误。其他报告类型的写法与之相似，都需要明确报告的目的、内容和要求，确保信息传达准确、执行高效。

3.6.2 请示

撰写请示时，正文内容为关键，它要清楚传达请示的目的与重点。

例如，我们要撰写一份由于设备损坏而需要采购新设备的请示，可以给AI这样的指令提示：

"撰写一篇请示，请示的主要内容是'因设备损坏需要采购新设备'，标题应明确反映请示的目的，正文部分首先详细说明设备损坏的情况及其对工作的影响，然后说明采购新设备的必要性和预算，最后提出请求批准的结语。署名为请示人的姓名。"

请示范文：

关于紧急采购____设备的请示

致____部门负责人

我工作所用的____设备因____原因不慎损毁，已由外部专业人员进行全面检测。检测结果表明，____设备已彻底损坏，无法修复。此情况严重影响我的日常工作，对即将到来的项目和任务也产生负面影响。

出于实际工作需求，我需要在一周内紧急采购一台新的____设备以恢复正常工作状态，预算大约为____元。由于此项采购涉及公司财务预算和计划外支出，特此汇报相关情况。

恳请予以支持，尽快批准此次紧急采购，以便我能及时恢复工作效率，保障项目和任务顺利推进。

以上报告，请审阅。

请示人：____

[具体日期]

3.6.3 批复

批复和请示是相对应的，在正文部分要详尽地说明批复的缘由、事项以及具体意见，通过具体意见引导下级机关或个人明确下一步的行动。例如撰写一篇对上一节请示事项的批复，可以向AI提供以下指令提示：

"撰写一篇对请示事项的批复，关于'因设备损坏需采购新设备'的批复，批复的标题应明确反映批复的主题，正文部分首先简要说明收到的请示内容，然后明确答复请示事项的批准与否，接着详细说明批复的具体意见和建议，最后提出对后续工作的指导和要求。"

批复范文：

关于紧急采购____设备的批复

____[请示申请人]：

你的《关于紧急采购____设备的请示》（____年____月____日）已收悉。经过评估你的工作需求及当前的财务状况，现批复如下：

一、批准你在　周内紧急采购　台新的____设备。预算上限为____元。

二、由于这是一次紧急采购，故免除一般情况下需要履行的采购程序。但是，购买后须保留完整的发票和购买证明，以备后续财务核算。

三、购买完成后，请尽快通知____设备部门进行必要的管理操作，以确保新的____设备能立即投入使用。

四、以后请务必注意设备维护，以防类似情况再次发生。

A公司行政部

[具体日期]

3.7 用AI写机关往来类公文

3.7.1 议案

假设我们需要撰写一篇关于人事任免的任免性议案，可以向AI提供以下指令提示：

"撰写一篇关于人事任免的议案。议案的标题应明确反映议案的主题，正文部分首先简要说明任免的缘由和背景，然后详细列出任免的具体事项，包括被任免人员的姓名、原职务和新职务，接着说明任免的必要性和预期效果，最后提出对上级机关或权力机构的审议请求。"

议案范文：

W县人民政府关于提请任免相关同志职务的议案

函〔　〕____号

县人大常委会：

根据《中华人民共和国地方各级人民代表大会和地方各级人民政府组织法》及其他有关规定，关于县级政府主要职位的任免，应当编制方案，并提请本级人大常委会审查和批准。

经综合考虑及评估，我县决定进行以下人事调整：

任命____同志为W县____局长；

免去____同志W县____局长职务；

任命____同志为W县____局长；

免去____同志W县____局长职务。

以上任免建议均已经过县人民政府领导班子的充分讨论并得到一致认可。该方案已按照相关程序和要求，经过了县级有关部门的初步审核与批准。

我们认为，以上人事调整符合我县当前工作的实际需要……

根据《中华人民共和国地方各级人民代表大会和地方各级人民政府组织法》第五十条规定，现将该方案提交县人大常委会，请予审议。

W县人民政府

____年____月____日

3.7.2 函

函根据作用分为发函和复函两大类。

比如，我们要撰写一篇举办MM活动的函，就可以给AI提供如下指令提示：

"请根据提供的资料和范文结构，以YY市文化局的身份，撰写一篇关于举办MM活动的发函，对象是YY市人民政府。函的标题应明确反映函的主题，正文部分首先简要说明合作的背景和目的，然后详细列出合作的具体事项和期望，接着说明合作的必要性和预期效果，最后提出对对方的期望和请求。署名为函发出机关的名称，成文日期为×年×月×日。"

发函范文：

（××文〔2025〕××号）

关于请求协助举办MM活动的函

YY市人民政府：

为进一步加强文化交流与合作，增进两地人民友谊，我局计划于E年F月2日至15日在YY市举办"MM文化节"活动。鉴于贵市在文化活动组织方面的丰富经验，我们诚挚邀请贵市选派文化团队参与此次活动，并进行文化交流与展示。

为确保活动顺利进行，我们希望贵市能协助提供以下支持……

请贵市于收到本函后7个工作日内给予回复，以便我们做好后续准备工作。如有任何疑问或需进一步沟通，请随时与我局联系。

感谢贵市对我市文化活动的大力支持！

此致敬礼！

YY市文化局

×年×月×日

如果要对这个发函进行复函，我们可以给AI提供如下指令提示：

"请以YY市人民政府的身份，起草一篇对《关于请求协助举办MM活动的函》的复函，根据补充的信息进行答复，署名为函发出机关的名称，成文日期为×年×月×日。"

复函范文：

关于协助举办MM活动的复函

YY市文化局：

贵局《关于请求协助举办MM活动的函》（××文〔2025〕××号）收悉。经研究，我市同意选派文化团队参与此次"MM文化节"活动，并进行文化交流与展示。

对于贵局提出的具体支持事项，我市将按照以下方式予以协助……

我市将全力配合贵局做好此次活动的各项准备工作，确保活动取得圆满成功。如有其他需求或需进一步沟通，请随时与我市文化广电旅游局联系。

感谢贵局对我市文化团队的邀请与支持！

此复。

YY市人民政府

×年×月×日

3.7.3 纪要

当使用AI工具撰写纪要时，可以通过提供清晰的指令提示来引导AI生成符合要求的内容。例如，我们需要撰写一篇关于项目进度会议的纪要，可以向AI提供以下指令提示：

"请根据提供的会议记录材料，撰写一篇某公司的会议纪要。纪要的标题应明确反映会议的主题，正文部分首先简要说明会议的基本信息（时间、地点、主持人、参与人员等），然后详细记录会议的主要内容和讨论结果，接着列出会议的决定和行动计划，最后注明纪要的完成日期和完成人。"

纪要范文：

AA公司×年上半年营销会议纪要

议题：上半年业绩回顾与下半年规划

时间：×年×月×日（星期五）上午10:00—12:00

地点：AA公司3楼会议室

主持人：总经理张某某

记录：行政助理李某某

参与人员：

总经理：张某某

销售部：谭某某、杜某某

研发部：高某某、罗某某

财务部：程某某

会议内容及议定事项：

上半年业绩回顾：销售额上涨12%，但净利润下滑3%。净利润下滑主要是因为生产成本上升和销售代理开支增加。

各部门工作报告：

销售部：新产品市场接受度良好，需加强视频广告投放。

研发部：计划下半年推出新产品版本，正在进行产品优化。

财务部：目前利润空间受到压缩，需要进行降本增效工作

第四季度战略规划：以提升产品质量和控制成本为主要目标。

会议决定和行动计划：

加大视频媒体广告投入，提高产品的市场影响力。负责人：谭某某

新产品版本计划于×月×日前发布。负责人：高某某

成立成本控制小组，专门负责降低成本的各项工作。负责人：程某某

纪要完成日期：×年×月×日

纪要完成人：李某某

撰写纪要时，语气和措辞是必须要注意的方面。纪要作为记录性公文，其语气要客观中立，措辞需得体恰当。并且，不管是办公会议纪要还是联席会议纪要，都得明确目的、内容和要求，务必保证纪要内容有针对性和可操作性。

第四章

—— 进阶提升案例篇 ——
优化AI指令，提升公文写作质量

4.1　指令决策类公文经典表述及强化句式

4.1.1　决议

决议的通用结构：

标题：[发文机关名称]关于[决议事项]的决议

发文机关标识：

开头部分：简述决议的背景、目的和依据。通常最后一句表述为"现作出如下决议"。

主体部分：详细说明决议的具体内容，包括需要执行的事项、采取的措施、达到的目标、执行的时间和要求等。

结尾部分：强调决议的严肃性和执行力，要求各有关单位认真贯彻执行。如有必要，可提出监督执行和反馈情况的要求。

发文机关署名：

成文日期：

【例】采用STAR结构撰写公司股东会决议

指令：

（S情景）现在需要根据资料整理一份临时股东会议的决议内容。

（T任务）请基于决议类公文的结构，根据公司当前面临的市场竞争加剧、业务拓展需求以及内部管理优化的实际情况，撰写一份公司股东会决议。

（A行动）在决议中，需充分考虑公司当前的财务状况，包括资金流动性、成本控制以及未来投资计划，确保决议内容具有财务可行性。强调决议的紧迫性，指出当前市场环境变化迅速，公司必须迅速作出决策以应对挑战，抓住发展机遇。

（R结果）请根据这些要求整理出一份完整的决议公文。（配合指令上传相关财务数据，并附上决议类公文的结构模板）

可以得到的AI回复初稿：

标题：××公司×年第一次临时股东会决议

发文机关标识：××公司股东会

开头部分：

鉴于当前市场竞争加剧，业务拓展需求迫切，以及内部管理优化的必要性，本公司股东会经审慎研究，特作出如下决议。

主体部分：

主营业务连续三年营收复合增长率-18.9%（2022年28.6亿元→2024年18.2亿元）。

行业集中度CR5从2021年32%提升至2024年57%，我司市场份额由8.3%降至4.1%。

第三方尽调显示：核心产品技术代差达2.5代，客户流失率超行业均值2.8倍。

（其余部分内容略）

结尾部分：

本决议自通过之日起生效，各相关部门应立即着手实施，确保各项决策落到实处，推动公司持续健康发展。股东会将定期监督执行情况，确保决议有效执行。

发文机关署名：××公司股东会
成文日期：[具体日期]

对初稿进行追问：

请对公司现状要素进行整合，其中要求引用近三年经营数据（2022—2024年），并且从材料中总结出包含行业竞争格局变化的描述，在陈述中必须体现董事会专项调研结论。

需要针对财务考量专项要求进行补充，列明最近一期审计报告关键指标，其中资产负债率≥70%需重点标注，经营性现金流缺口需货币化表述，以及要求对比行业平均财务健康值。

在表述中，使用"刻不容缓""重大风险"等词表示；对于公司的决心，请采用"鉴于当前公司所面临的实际情况，经全面权衡与深入分析，公司股东会特此郑重作出决议"的表达方式；对于财务考量部分，请采用"鉴于公司当前的财务状况，为更好地优化资源配置，提升财务健康水平，经详细评估与分析，决定……"的表述方式；对于紧迫性认知，请采用"公司股东会深刻认识到这一决策所面临的紧迫性，充分意识到其对公司发展进程的重大影响，必须迅速且果断地加以推进……"的表述方式。

可以得到AI优化后的修改稿：

××公司股东会

关于应对市场竞争加剧、业务拓展及内部管理优化的决议。

鉴于当前公司所面临的实际情况，经全面权衡与深入分析，公司股东会特此郑重作出如下决议：

一、背景与决议依据

（一）市场竞争及业务环境

1. 根据近三年经营数据，主营业务营收由2022年的28.6亿元降至2024年的18.2亿元，复合增长率为-18.9%。

2. 行业集中度CR5由2021年的32%提升至2024年的57%，致使我司市场份额由8.3%下降至4.1%。

3. 第三方尽调显示，我司核心产品存在技术代差达2.5代，客户流失率超过行业均值2.8倍。

4. 董事会专项调研结论明确指出，公司在产品竞争力、市场拓展及内部管理方面存在重大不足。

（二）财务考量

鉴于公司当前的财务状况，为更好地优化资源配置、提升财务健康水平，经详细评估与分析，决定重点关注以下事项：

1. 根据最新审计报告，公司资产负债率已达到或超过70%，构成重大风险。

2. 经营性现金流存在缺口，约人民币[金额待补]元，远低于行业平均水平。

3. 与行业平均财务健康指标相比，公司在成本控制与资金流动性方面存在明显短板。

二、决议内容

（一）业务调整与市场拓展

1. 加大对核心产品研发的投入，缩小技术代差，提升产品竞争力。

2. 重构销售渠道，优化市场布局，力争在未来12个月内实现市场份额的明显回升。

（二）内部管理优化

1. 全面梳理各业务流程，强化成本管控，提升资源配置效率；

2. 建立跨部门协同工作机制，确保各项决策措施得到高效执行。

（三）财务风险防控

1. 建立专项监控机制，对资产负债率及经营性现金流进行实时跟踪；

2. 制定应急预案，确保在出现资金流动性风险时迅速启动风险应对措施。

（四）执行与监督

公司股东会深刻认识到这一决策所面临的紧迫性，充分意识到其对公司发展进程的重大影响，必须迅速且果断地加以推进。各相关部门应立即组织实施上述措施，确保决议各项内容落到实处。公司股东会将定期监督执行情况，并要求各部门及时反馈，以确保决议有效落实。

三、结论

本决议具有刻不容缓的紧迫性，各部门务必高度重视、严格执行，确保公司在激烈的市场竞争中有效应对风险、抓住发展机遇。

××公司股东会
成文日期：[具体日期]

抄送：各相关部门备案

4.1.2 决定

决定的通用结构：

标题：清晰表明决定的性质和内容，如《关于××事项的决定》

发文机关：表明作出决定的机构或部门

文号：

发文日期：

引言：简要说明作出决定的背景、原因和依据。

主体：详细阐述决定的内容，包括具体措施、要求、目标等。

结尾：强调决定的效力、执行要求或希望达成的效果。

落款：

发文机关名称和印章：

附件（如有）：

相关材料或补充说明：

📍【例】采用SAGE结构撰写公司奖励决定

给AI工具提供相关的奖励信息，信息概括为："该公司在疫情冲击的时候，员工张某在隔离期间坚持研究，探索填补技术空白的方法，公司计划进行奖金和荣誉方面的奖励，希望这种精神可以鼓舞更多人参与技术创新，并能实现从实验室到产线的转化。"

然后对AI提出相关的指令：

（S情况）结合信息材料，描述疫情封控期间研发受阻的困境（实验室关闭/供应链中断/协作停滞），量化张某隔离期间的技术突破价值，并说明技术成果的战略意义。

（A行动）参考上传的资料信息，设计"即时奖金+年度调薪+技术命名权"的复合激励方案，区分个人贡献与协作支持（张某获特殊贡献奖/团队获集体攻坚奖）。

（G目标）支撑公司"危中寻机"战略，建立"个人突破—团队验证—产线适配"的三级转化体系，实现技术专利池年增长率≥30%。

（E期望）要求获奖者编制《极端环境研发操作指南》（2个月内完成标准化模板），明确创新风险评估机制（允许30%以内的技术路线试错成本）。

可以得到的AI回复初稿：

关于授予张某同志"抗疫研发先锋"称号的决定

一、突出贡献认定

1. 在14天集中隔离期间完成MEMS传感器芯片架构创新，设计效率提升47%，填补国内亚微米级工艺空白。

2. 技术成果直接应用于新能源汽车电控系统，预计2024年Q4量产后可替代进口芯片35万片/年。

3. 突破性解决多物理场耦合难题，相关算法已通过PCT国际专利申请（案号：WO2024××××××）。

二、奖励措施

1. 颁发"抗疫研发先锋"勋章及奖金50万元（其中20万元定向用于个人实验室建设）。

2. 晋升为首席微电子架构师，直接进入公司技术决策委员会。

3. 授权组建"极端环境研发攻坚组"，享有跨部门资源调度优先权。

三、后续要求

1. 2024年10月前完成《极端环境研发操作指南》编撰，纳入公司ISO9001体系。

2. 每季度开展"技术破壁"主题培训，年度培养后备人才不少于8人。

3. 享有3次技术路线自主决策权，失败项目不纳入KPI考核范围。

（正文完，具体实施细节见附件1-3）

从初稿我们可以看到，内容基本能满足决定的要求，但格式还未符合正式公文格式的要求，那么我们可以补充追问："**请严格执行本公司公文格式优化生成**"，并在公文结尾附上附件，要求AI再次调整。

可以得到AI优化后的修改稿：

关于授予张某同志"抗疫研发先锋"称号的决定
××科技股份有限公司文件

××科奖〔2024〕第15号

2024年6月25日

2022年11月新冠疫情封控期间，我司研发中心因实验室强制关闭、供应链中断等突发情况陷入技术攻坚停滞困境。研发工程师张某同志在集中隔离期间,克服远程协作障碍与实验设备短缺等困难,通过自主创新突破高精度传感器芯片设计关键技术。根据《公司科技创新奖励办法》(××科〔2021〕38号)及董事会第45次决议精神,经研究决定对张某同志予以表彰。

一、突出贡献认定

1. 完成MEMS传感器芯片多物理场耦合架构创新,设计效率提升47%,填补国内亚微米级工艺空白(技术指标达ASME B5.54-2023标准)。

2. 研发成果已通过TS16949体系认证,预计2024年Q4量产后可实现进口替代35万片/年,节约采购成本2.3亿元。

3. 相关算法获PCT国际专利授权(案号:WO2024××××××),纳入公司核心专利池。

二、奖励措施

1. 物质激励:颁发特殊贡献奖金50万元(含20万元实验室建设专项基金)。

2. 精神表彰:授予"抗疫研发先锋"称号并颁发金质勋章(编号:JZ2024-001)。

3. 职业发展:晋升为首席微电子架构师,列席公司技术决策委员会。

4. 资源支持:组建5人专项技术团队,开放价值800万元的高端EDA工具使用权限。

三、配套机制

1. 建立"极端环境研发"标准化流程,要求获奖者牵头编制《芯片设计应急工作法》(2024年10月前完成)。

2. 实施技术传承责任制,承担年度不少于8人的后备人才培养任务(每季度开展专项培训)。

3. 授予3次技术路线自主决策权,相关试错成本(≤30%)不计入部门考核。

本决定自发布之日起生效，由人力资源部会同技术管理中心负责具体实施。全体职工应以张某同志为榜样，深入践行公司"危中寻机、创新破局"战略要求。获奖团队须严格履行技术转化与人才培养义务，审计监察部将按季度督查机制落实情况。

××科技股份有限公司（印章）

2024年6月25日

附件：

1. 《MEMS传感器芯片技术创新说明》
2. 《抗疫研发专项奖励实施细则》
3. 《技术传承责任书》模板

4.1.3 命令（令）

命令（令）的通用结构：

标题：通常由发文机关名称、事由和文种构成。如《××市人民政府关于××的命令》。

编号：如"×府令〔2025〕第×号"。

开头：写发布命令的原因（目的或依据）。通常以"为……"的句式开头，简要说明发布此命令的背景、目的或依据的法律、法规、政策等。

主体：写命令事项，即要求下级机关、有关人员必须执行或遵守的具体事项。这部分内容要写得准确、具体、条理清晰。

结尾：通常以"本命令自发布之日起施行""望遵照执行"等语句结尾。

发文机关署名与日期：

【例】采用CARE结构更新某市加强烟花爆竹安全管理的行政令

指令：

（C背景）2024年全市旧城改造项目激增，AA区BB街道等23个片区因堆积建筑废料、临时板房密集等原因，火灾风险指数较普通区域提升187%，在原行政命令的基础上，既有禁燃区名录未覆盖动态施工区域，传统"固定地理围栏"管理模式失效，需要调整和更新相关描述。（此处可以提供更详细的信息内容，此次为简略信息的示范）。

（A行动）请在示例的基础上，结合背景进行相关的表述调整，要整合问题解决和行政令的更新。

（R结果）输出一份完整的新的加强烟花爆竹安全管理的行政令。

（E示例）

××市人民政府关于加强烟花爆竹安全管理的行政令

×令〔2024〕第2号

为切实保障人民群众生命财产安全，防止因燃放烟花爆竹引发火灾、爆炸等安全事故，根据《烟花爆竹安全管理条例》等法律法规，现就加强全省烟花爆竹安全管理工作作出如下决定：

一、……（具体管理措施）

二、……（相关部门职责）

三、……（违法责任追究）

本行政令自发布之日起施行。各地、各部门要切实履行职责，确保烟花爆竹安全管理各项措施落到实处。

［发文机关署名］

×年×月×日

可以得到的AI回复：

××市人民政府关于加强烟花爆竹安全管理的行政令
×令〔2025〕第5号

根据《烟花爆竹安全管理条例》《建设工程安全生产管理条例》等规定，针对旧城改造区域特殊风险，现就加强全市烟花爆竹安全管理补充规定如下：

一、动态禁燃区管理

（一）全市在建旧改项目自取得施工许可证之日起，自动纳入烟花爆竹禁燃区名录，通过"城市安全码"平台实时更新公示。

（二）住建部门应在施工围挡设置电子警示标识，接入应急管理指挥系统实时监测。

（详细内容略）

二、特殊区域管控

（一）AA区BB街道等旧改重点片区实行"可燃物日清"制度，施工单位需每日17时前完成建筑废料转运。

（二）布设智能监测设备集群，对非法储存、运输烟花爆竹行为实施声光报警与轨迹追踪。

（详细内容略）

三、协同监管机制

（详细内容略）

四、责任追究

（详细内容略）

本行政令自2025年1月1日起施行，由市应急管理局与相关部门共同负责解释。

××市人民政府

2024年12月20日

4.2 信息发布类公文经典表述及强化句式

4.2.1 公报

公报的通用结构:

标题：根据公报类型和内容确定，如会议名称加"公报"，事项内容加"公报"或直接写为"公报"。

日期：

开头：简要介绍背景或目的。

主体：详细阐述相关事项或会议内容、决定、结果等。

结尾：总结意义或提出要求、号召。

落款：一般省略。

【例】采用APE结构编制教育统计公报写作

指令：

（A行动）请基于2023年度教育事业发展核心数据，编制一份结构完整的《2023年全国教育事业发展统计公报》。要求包含学前教育、义务教育、高等教育等各阶段发展情况，重点呈现师资建设、教育公平、信息化建设等关键领域数据。

（P目的）全面展示我国教育现代化建设成果，为教育政策的制定提供数据支撑，向社会公众传递教育发展信心。

（E期望）采用"总—分—总"结构，包含核心数据表；使用对比数据展现年度进步；语言简洁规范，符合统计公报文体特征。（配合指令上传相关财务数据，并附上决议类公文的结构模板。）

可以得到的AI回复初稿：

2023年全国教育事业发展统计公报

一、总体情况

2023年全国教育总投入达6.2万亿元，同比增长8.7%。各级各类学校53.71万所，在校生2.91亿人。

二、各类型教育发展

1. 学前教育

   - 在园幼儿4 623.5万人
   - 普惠性幼儿园覆盖率89.3%
   - 专任教师学历达标率98.6%

2. 义务教育

   - 巩固率95.5%，提高0.8个百分点
   - 96.2%的县通过均衡发展评估
   - 特岗教师招聘6.8万人

（其他内容略）

三、重点领域进展

（具体内容略）

[此处插入初步生成的柱状图：2019—2023年教育信息化投入增长趋势]

四、存在问题与改进方向

（待补充具体改进措施）

接下来进行补充追问：

在开头增加全面概述，用下面的表述结构来统筹全文："本公报致力于通过系统且深入的分析，全方位总结具体统计范围（如特定时间段内的经济运行状况、行业发展态势等），旨在为各方提供翔实、准确的统计信

息参考"。对应增加显示总体规模、核心进展的数据。

调整各类型发展情况为按阶段归类的数据，并且补充重点领域中介绍教师队伍建设和教育数字化战略的数据。其中用下面的结构表述强调"这一关键数据明确表明，_____领域的稳健发展对整个_____的稳定运行至关重要，是经济平稳增长、结构优化以及抵御外部风险的关键支撑。"注意是针对"教育"领域。

调整存在问题与改进方向为发展展望的内容。

可以得到AI调整后的修改稿：

中华人民共和国教育部
2023年全国教育事业发展统计公报
教发〔2024〕12号

2023年，全国教育系统深入贯彻党的二十大精神，加快推进教育现代化，主要发展指标再创新高。本公报致力于通过系统且深入的分析，全方位总结2023年度全国教育现代化建设进程及各级各类教育发展成果，旨在为各方提供翔实、准确的统计信息参考。现公报如下：

一、事业发展概况

1. 总体规模

   - 学校总数：53.71万所（+1.2%）
   - 在校生总数：2.91亿人
   - 教育总投入：6.2万亿元（+8.7%）

2. 核心进展

   - 劳动年龄人口平均受教育年限：11.05年
   - 国家财政性教育经费占比：4.1%

二、各学段发展详情

2023年各教育阶段核心指标对比

指标	学前教育	义务教育	高等教育
在校生/万人	4 623.5	15 800.2	4 765.8
专任教师/万	324.7	1 125.3	215.4
经费投入/亿	5 800	24 500	16 300

1. 学前教育普惠发展

   - 普惠园覆盖率突破89.3%（西部达92.1%）
   - 乡镇中心园建设率100%
   - 保育费支出占家庭收入比降至6.8%

2. 义务教育优质均衡

   - 大班额比例降至2.1%（2018年：8.1%）
   - 农村学校智慧教室覆盖率78.3%
   - 县域内交流校长教师12.4万人次

3. 高等教育内涵式发展

   - 应届毕业生就业落实率87.6%
   - 重点领域人才培养规模扩大32%
   - 国际学术论文被引量居全球第二

三、重点攻坚成效

这一关键数据明确表明，教育体系现代化领域的稳健发展对整个教育体系的稳定发展至关重要，是教育质量提升、结构优化以及抵御外部风险的关键支撑。

1. 教师队伍建设

   - 义务教育教师本科以上学历达81.3%
   - 中西部特岗教师年均补助提高至4.2万元

- 国家级培训惠及180万人次

2. 教育数字化战略
   - 国家智慧教育平台访问量突破32亿次
   - 开发虚拟仿真实验课程2.1万门
   - 95.7%的学校实现千兆到校

四、发展展望

2024年将重点推进：

1. 实施县域普通高中发展提升行动计划
2. 建设20个国家级职业教育融合试验区
3. 启动人工智能赋能教育创新工程

教育部发展规划司

2024年3月15日

（注：本公报数据不含港澳台地区；增长率除特殊说明外均为同比）

4.2.2 公告

公告的通用结构：

关于_____的公告

发布单位：

发布日期：___年___月___日

引言：公告事由

事项：公告的具体事项

结语：注意事项/特别提示、附件（如有）、联系方式（如有）

落款与盖章：

生效日期（如适用）：

【例】采用STAR结构撰写成功防灾公告

公告信息概括为："某县遭受强降雨袭击，全县上下团结一心、众志成城，成功防御了此次强降雨灾害。"

然后对AI提出相关的指令并提供相应的结构模板：

（S情景）某县遭遇持续性强降雨袭击，24小时降雨量突破历史极值，多条河流超警戒水位，部分低洼地区出现内涝险情。县委、县政府迅速启动防汛Ⅰ级应急响应，组织全县干部群众投入抗洪抢险工作。

（T任务）基于上述背景，生成一份具有号召力和鼓舞性的公告，需满足以下要求：突出全县上下团结协作的成果；强调防灾救灾中的典型事迹和集体精神；呼吁群众继续保持警惕，巩固防汛成果；语言简洁有力，符合公文规范。

（A行动）参考提供的材料，采用"总—分—总"结构，先概述事件背景，再分点总结措施与成果，最后提出号召。（此处提供事件的材料让AI工具进行信息提取，此处略。）

（R结果）输出一份格式规范、情感充沛的要事性公告。

可以得到的AI回复：

某县人民政府关于成功防御强降雨灾害的公告

2024年6月15日，我县遭遇百年一遇持续性强降雨，最大小时雨量达98毫米，7个乡镇降雨量突破历史极值，给人民群众生命财产安全带来严重威胁。在县委、县政府的坚强领导下，全县上下团结一心、众志成城，成功防御了此次强降雨灾害。现将有关情况公告如下：

提前转移危险区域群众1.2万户3.8万人，调集冲锋舟62艘、沙袋20万条，对17处险工险段实施24小时巡查值守。

成立12支党员突击队，成功处置管涌险情47处，抢通中断道路38公里，供电供水部门2小时内恢复90%受灾区域基础保障。

目前，灾后重建工作已全面展开，我们将继续加大投入，尽快恢复受灾群众的正常生产生活秩序。

特此公告。

某县人民政府
2024年6月18日

4.2.3 通告

通告的通用结构：

标题：[单位/机构名称]关于[通告主题]的通告

引言：简要说明发布通告的背景、目的或依据。

主体：详细说明通告的具体内容，包括要求、措施、注意事项等；如有必要，可分段阐述不同方面的内容。

结语：强调执行通告的重要性和必要性。表明单位/机构的态度和期望。

落款：[单位/机构名称][盖章]

发文日期：

【例】采用SAGE结构撰写职工医疗保险报销通告写作

这是一份办理性通告，我们对AI提出相关的指令并提供相应的结构模板：

（S背景）我需要为××单位撰写一份关于职工医疗保险报销的正式通告，目的是规范报销流程，确保款项及时、准确发放。

（A行动）请按照以下结构生成内容：

办理对象：明确覆盖的职工类型（如正式职工、合同制职工等）。

办理事项说明：列出本次通告涉及的具体医疗保险报销事项。

办理要求：说明职工需满足的条件或提交的材料。

办理流程：分步骤描述申请、审核、发放的流程。

其他说明：强调时间节点、咨询方式或注意事项。（注意这部分要根据实际需要给AI提供详细的资料进行归类组织，此处略。）

（G目标）确保通告内容符合国家医保政策及单位内部管理规定，语言简洁清晰，便于职工快速理解并执行。

（E期望输出）生成一份格式规范的通告模板，包含标题、正文分点说明、落款单位和日期，并使用正式公文用语。

可以得到的AI回复：

××单位关于职工医疗保险报销的通告

全体职工：

为规范职工医疗保险报销流程，确保报销款项及时、准确发放，现将有关事项通告如下：

一、办理对象：公司全体在职职工，包括正式职工、合同制职工等。

二、办理事项说明：（此处略）

三、办理要求：（此处略）

四、办理流程：（此处略）

请各位职工高度重视此次医疗保险报销事项，及时准备并提交相关材料，确保个人医疗权益得到保障。感谢大家的理解与配合，我们将一如既往地为大家提供优质、高效的服务。

特此通告。

××单位人力资源部
×年×月×日

4.3　工作沟通类公文经典表述及强化句式

4.3.1　意见

意见的通用结构：

标题："发文机关+事由+文种"或"事由+文种"

主送机关：上行性意见只有一个主送机关；下行性意见的主送机关常为多个；有的意见没有特定的主送机关。

开头：常用"为此，特提出如下意见""为促进……，特提出如下意见"等过渡语，转入主体部分。

主体：阐述见解办法，是意见的核心部分，主要是针对有关问题阐明观点、表明态度，提出相关的基本原则、要求、措施，有的还提出实施的具体步骤。

结尾：提出希望、要求。如果是报请上级批转或转发的意见，结尾要另起一行，并以"以上意见如无不妥，请批转各地区、各部门执行"做结尾用语。

成文日期、发文机关署名并加盖公章：

【例】采用CARE结构撰写某县环境整治工作呈报意见

由于呈报意见的主体内容差异比较大，我们在对AI提出的相关指令中，可以提供其他环境治理的呈报意见示例：

（C背景）我需要为YY县生态环境局撰写一份《关于YY县农村坏境整治工作情况的呈报意见》，向上级单位（××市生态环境局）汇报阶段性成果、现存问题及后续建议。

（A行动）请在后面示例的基础上，结合背景和提供的资料，进行相关的表述调整。先概述背景，再分点归纳总结成效与问题，最后提出建议。（此处给AI提供相关的成效数据、案例和问题的情况，以及意见表述的详细资料，此处略。）

（R结果）输出一份完整的新"某县环境整治工作"呈报意见。

（E示例）

关于××县农村环境整治工作情况的呈报意见

××市环境保护局：

我县自开展农村环境整治工作以来，取得了显著成效。现将有关情况报告如下，并提出如下意见：

一、工作成效

1. 农村生活垃圾得到有效处理，村容村貌明显改善。

2. 农业面源污染得到有效控制，农产品质量得到提升。

3. 农村饮用水安全得到保障，村民生活质量得到提高。

二、存在问题

1. 部分村庄环境整治工作进展缓慢，需加大工作力度。

2. 资金投入不足，制约了环境整治工作的深入开展。

三、意见与建议

1. 建议上级部门加大对我县农村环境整治工作的支持力度，提供必要的资金和技术支持。

2. 加强督促检查，确保各项整治任务落到实处。

特此呈报，请审阅。

××县生态环境局
×年×月×日

可以得到的AI回复:

关于YY县环境治理工作的呈报意见

YY市生态环境局：

我县自推进工业三废治理与清洁能源替代工作以来，取得阶段性成效。现将有关情况报告如下，并提出后续建议：

一、工作成效

工业三废治理成效显著

废水处理：全县规上工业企业实现废水集中处理率100%，化学需氧量（COD）排放量同比下降35%。

废气减排：完成燃煤锅炉改造28台，安装废气在线监测设备56套，二氧化硫排放量减少42%。

固废管理：工业固废综合利用率达90%，危险废物规范处置率100%。

太阳能替代传统烧煤稳步推进

全县已建成分布式光伏发电项目12个，年发电量达1.8亿千瓦时，替代燃煤约2.7万吨。

在2个工业园区试点推行"光伏+储能"模式，企业能源成本降低18%。

二、存在问题

设备维修类专业人才短缺

工业三废治理设备（如废气净化装置、废水处理系统）故障率较高，因本地缺乏专业维修团队，平均维修响应时间超过72小时。

太阳能发电系统运维人员不足，部分企业存在设备闲置或效率下降问题。

资金投入缺口较大

工业三废深度治理技术改造需资金约3.2亿元，目前财政拨款仅覆盖40%，企业自筹压力大。

太阳能项目补贴政策落实滞后，影响企业投资积极性。

三、意见与建议

强化技术人才支撑

建议市级部门协调高校或培训机构,在我县开设"工业环保设备运维"专项培训班,每年输送至少50名技术骨干。

组织专家团队对重点企业开展"一对一"设备检修指导,建立长效帮扶机制。

加大资金保障力度

申请省级专项资金支持工业三废治理项目,优先解决燃煤锅炉淘汰、废水回用等关键环节。

优化太阳能发电补贴流程,缩短拨付周期,并探索引入绿色金融贷款产品,减轻企业初期投入负担。

特此呈报,请审阅。

YY县生态环境局

×年×月×日

4.3.2 通知

通知的通用结构:

标题:通常由发文机关、事由和文种构成,如《××局关于××事项的通知》。

主送机关:

开头:写明发文的原因、目的或依据。

主体:具体阐述通知的内容,包括要求、措施、方法等。

结尾:通常包括执行要求、联系方式、生效日期等,有的通知还有惯用的结束语,如"特此通知""请遵照执行"等。

落款:包括发文机关署名和成文日期。

【例】采用ROSES结构起草公司年度考核结果通知

指令：

（R角色）你作为公司行政部经理，现在根据《××公司章程》及2024年度考核标准，协助起草一份正式的《关于2024年度员工绩效考核结果的公示通知》。

（O目标）请确保通知实现以下核心管理目标：

1. 规范公示流程：明确考核结果公开的范围、时间及查询方式；
2. 强化激励机制：通过差异化奖励方案体现绩效与贡献的关联性；
3. 保障公平性：设置未达标员工的改进计划与申诉通道，降低争议风险。

（S场景）假设当前时间为2024年12月末，公司已完成全年考核工作，需在2025年1月完成结果公示并启动奖金发放。通知需同步至全员，并抄送管理层备案。

（E方案）输出一份符合通知写作格式的正式通知，包含标题、正文、附件清单及落款，语言需严谨、简洁，避免模糊表述。

（S步骤）请根据以下步骤生成通知：

1. 数据提取：调用附件中的考核等级汇总表、奖金计算规则等核心数据；
2. 框架生成：按"公示内容—表彰方案—改进措施—奖金发放"逻辑组织正文，其中开头以"依据传达"；
3. 合规校验：检查是否覆盖《××公司章程》第××条考核结果公示要求；
4. 格式优化：确保标题层级、标点符号及附件命名符合公文规范。

可以得到的AI回复：

关于2024年度员工绩效考核结果的公示通知

各部门、全体员工：

依据《××公司章程》第××条及2024年度绩效考核标准，经公司绩效管理委员会审核，现将2024年度员工绩效考核结果公示如下。请各部门及全体员工认真查阅，如有疑问，按规定程序在公示期间内提出申诉。

一、考核结果公示

（一）公示对象：全体在职员工（含试用期员工）；

（二）公示期限：2025年1月5日至2025年1月12日；

（三）查询途径：OA系统"人力资源-考核公示"栏目及行政部公告栏。

二、绩效激励措施

（一）A级员工（前10%）：授予"年度优秀员工"称号，颁发荣誉证书及一次性奖金（详见附件1）；

（二）B级员工（11%—30%）：绩效奖金上浮20%；

（三）C/D级员工：须制定个人改进计划，并经直属领导审批。

三、改进措施及申诉通道

（一）未达标员工须根据考核结果制定个人改进计划；

（二）申诉方式：自公示之日起至2025年1月12日，书面申诉材料请提交至人力资源部（邮箱：hr@xxx.com）；

（三）申诉处理：绩效管理委员会在收到申诉材料后5个工作日内完成复核并反馈处理结果。

四、年终奖金发放

（一）发放依据：按考核等级比例核定（A级150%、B级130%、C级100%、D级50%）；

（二）奖金到账：2025年1月20日前发放至员工工资账户。

附件：

1. 2023年度员工考核等级汇总表
2. 绩效奖金发放标准说明

抄送：各管理层备案

××股份有限公司行政部

2024年12月31日

4.3.3 通报

通报的通用结构：

标题：[发文机关]+关于+[通报主题]+的通报；或直接为[通报主题]+通报。

引言部分：简要说明发文背景、目的或依据。

主体部分：

表彰通报：详细描述被表彰对象的事迹、成就及其积极影响，必要时可列出具体事例。

批评通报：指出问题所在，涉及的具体事件、人员、违规违纪行为及其后果。

情况通报：客观陈述相关事实、进展、调查结果或重要信息。

结尾部分：

表彰通报：提出希望或号召，鼓励大家学习先进。

批评通报：强调纪律要求，提出整改措施或处理决定。

情况通报：明确下一步工作计划或要求相关单位、个人采取的行动。

落款：发文机关名称（位于正文右下方）。如有需要，可加盖公章。

成文日期：

【例】采用APE结构撰写安全生产检查情况通报

指令：

（A行动）模拟政府机关视角撰写一份正式的安全生产检查情况通报，基于某大型制造企业2024年第三季度安全生产检查结果，撰写通报文件。（配合指令给AI提供安全生产检查的详细资料和信息，此处略。）

（P目的）要基于材料总结归纳出明确检查中发现的主要问题，提出分级整改要求。

（E期望）形成包含警示教育意义的通报范文，包含完整的标题、正文结构（检查概况—问题清单—整改要求—结语）、落款单位和日期。

由于此类通报的内容，有时候会涉及一些特定需要强调的部分，我们可以在上面的APE的基础内容上，再增加补充指令：

"需要注意，在通报的内容中，正文需采用'问题描述+对应条款引用'的规范表述方式；整改要求需区分立即整改、限时整改、长期改进三类措施；在材料的信息基础上，需添加典型事故案例警示语。"

在AI处理后，我们可以得到下面的通报内容：

××制造有限公司文件

××安委〔2024〕15号

签发人：×××

关于2024年第三季度安全生产专项检查情况的通报

各生产部、安全生产监督管理科、设备管理部、人力资源部：

为进一步加强安全生产管理，确保公司安全生产形势稳定，我司于2024年9月10日至9月30日组织开展了第三季度安全生产专项检查。本次检查覆盖冲压车间、焊接车间、动力中心等8个重点部门，共发现各类安全隐患47项，现就检查情况通报如下：

一、检查概况

1. 检查范围：生产设备安全防护装置、消防通道及应急设施、特种作业人员资质管理、安全管理制度执行情况。

2. 检查依据：《中华人民共和国安全生产法》第二十八条、第三十二条,《企业安全生产标准化基本规范》(GB/T 33000—2016)相关条款。

3. 发现问题:整体安全形势平稳可控,但个别部门仍存在管理漏洞,需引起高度重视。

二、主要问题清单

(一)现场安全管理类隐患(共19项)

1. 冲压车间:……(详情略)。

2. 焊接车间:……(详情略)。

……

(二)设备设施类隐患(共15项)

1. 动力中心:……(详情略)。

2. 仓储区:……(详情略)。

……

(三)人员操作类隐患(共13项)

1. 装配车间:……(详情略)。

(其余部分内容略)

三、整改要求及责任分工

隐患类型	整改措施	责任部门	完成时限	处罚依据
安全警示标识褪色	立即更换为反光材质标识	各车间安全员	2024年10月15日	《中华人民共和国安全生产法》第一百零九条
变压器接地线腐蚀	24小时内停用设备并更换接地线	设备管理部	2024年10月20日	《中华人民共和国特种设备安全法》第八十四条
叉车作业无证操作	组织全员特种设备操作培训	人力资源部	2024年12月31日前	《中华人民共和国安全生产法》第九十四条

特别警示:9月15日冲压车间发生的机械伤害未遂事故(操作人员未按规程佩戴防护手套),暴露出岗位培训严重缺位,现对责任车间主任诫勉谈话并扣减当月安全绩效奖金。

四、工作要求

1. 立行立改：对立即整改类隐患须在通报印发后24小时内完成，整改报告经部门负责人签字后报送安监科备案。

2. 长效监管：将本次检查纳入年度安全生产考核，对整改不力单位取消评优资格。

3. 警示教育：各车间于10月25日前组织全员学习通报内容，开展"举一反三"安全自查。

附件：

1. 《2024年第三季度安全隐患整改台账》
2. 《重点部门安全生产复查计划表》

××制造有限公司

安全生产委员会

2024年10月25日

抄送：总经理办公室、市应急管理局监管二科

4.4 上下行文类公文经典表述及强化句式

4.4.1 报告

报告的通用结构：

标题：应简明扼要地反映报告的主题和内容。

发文机关标识：

发文字号

签发人：上行文需注明签发人姓名。

主送机关：报告的主要收受机关。

开头：简要说明报告的背景、目的或依据。

主体：详细阐述报告的具体内容，包括事实、分析、建议等。

结尾：根据报告类型，可提出请求、希望、总结等。

附件：如有相关材料作为报告附件，应列出清单。

成文日期：

印章：

抄送机关：

【例】采用SAGE结构起草加强城市垃圾分类管理的建议报告

指令：

（S情况）假设现在需要以市生态环境局名义起草关于加强城市垃圾分类管理的建议报告，当前存在分类设施不足、居民参与度低、执法依据不明确等问题。

（A行动）请按照公文写作的规范要求，采用建议报告标准模板，内容通过归纳和总结的方式，把材料中的内容进行重新组织，组织后的内容包含现状分析、问题梳理、具体措施三部分核心内容。（此处给AI提供相应的详细资料。）

（G目标）生成结构完整、措施可行的正式公文，推动市政府采纳垃圾分类管理优化方案。

（E期望）输出内容要求：

1. 规范发文机关标识和发文字号；
2. 主送机关明确；
3. 现状—问题—建议三段式结构；

4. 具体措施包含宣传教育/设施建设/执法强化三个维度；

5. 附件标注完整；

6. 落款要素齐全。

AI整理后，输出的内容如下：

关于加强城市垃圾分类管理的建议报告

发文机关标识：市生态环境局文件

发文字号：市生态环境局〔20××〕第×号

主送机关：市政府

鉴于当前城市垃圾分类管理存在的问题，特提出以下建议。

一、现状分析。

二、存在的问题。

三、具体建议措施（如加强宣传教育、完善分类设施、强化执法力度等）。

望市政府采纳并实施，共同推进我市垃圾分类管理工作。

附件：垃圾分类管理现状调研报告

×年×月×日

印章：（加盖市生态环境局印章）

4.4.2 请示

请示的通用结构

标题：[发文机关]+关于[事由]+的请示。

发文机关标识：通常为红头文件头，包含发文机关全称或规范化简称+"文件"二字+年份+文件顺序号（此部分在电子文档或非正式场合可省略）。

发文字号：

主送机关：（顶格写，明确具体的上级机关或相关部门）

1. 缘由：简要说明请示的背景、原因和依据。

2. 事项：明确列出需要上级机关指示、批准或帮助的具体内容。

3. 结语：常用"妥否，请批示""以上请示，请予审批"或"特此请示，望予支持"等语句结束。

落款：发文机关署名（如需）。

成文日期：

附件：如有，列明附件名称及序号。

【例】采用STAR结构撰写项目实施请示

指令：

（S情景）假设你是一个政府部门的工作人员，负责撰写一份关于明确项目实施方案细节的请示。该项目是市级重点工程，涉及多个部门的协作，需要上级机关明确指导。

（T任务）撰写一份求示性请示，明确项目资金筹措方式、土地使用权调整以及监督评估机制等关键问题。

（A行动）请根据以下结构和内容要求，生成一份符合格式规范的求示性请示。（此处提供请示的模板和相应的请示内容的详情。）

（R结果）生成一份符合上述要求的求示性请示范例，确保格式规范、内容完整、表达清晰。

可以得到的AI回复：

××局关于明确××项目实施方案细节的请示

×年××局字第××号

××市人民政府办公厅：

为顺利推进我市××项目，确保项目高效、有序实施，现就该项目实施方案的若干细节问题，特向上级机关请示如下：

一、项目资金筹措方式及比例分配，恳请明确指导原则。

二、项目实施过程中可能遇到的土地使用权调整问题，请求提供政策支持和协调途径。

三、关于项目监督评估机制的具体构建，望给予专业指导和建议。

鉴于上述事项对项目顺利实施至关重要，特此请示，望××市人民政府办公厅给予明确指示。

××局

×年×月×日

4.4.3 批复

批复的通用结构：

标题：[发文机关名称]+关于+[请示事项]+的批复。

发文机关标识：通常为红头文件头，包含发文机关全称或规范化简称+"文件"二字+年份+文件顺序号（此部分在电子文档或非正式场合可省略）。

发文字号：

主送机关：

开头：引述来文并表明态度（同意或不同意），这是批复的法定依据，要十分准确地引述请示的事由和请求事项，态度要鲜明。

主体：针对请示事项阐明批复意见，这是批复的主体部分。针对请示事项，结合实际，明确答复是否批准或是否予以办理，或提出解决问题的具体意见、措施和办法等。内容复杂、涉及面广的事项，也可分条列项表述。

结尾：常以"此复""特此批复"等习惯用语结束。有的批复也可以根据需要不写结束语。

落款：发文机关署名（如需）。

成文日期：

附件：

【例】采用STAR结构进行批示性批复

指令：

（S情景）假设你是××市人民政府的工作人员，需要对××市园林局上报的城市绿化规划方案进行批复。

（T任务）撰写一份批示性批复，对《××市城市绿化规划方案》进行原则性同意，并提出具体实施要求。

（A行动）请根据以下结构和内容要求，生成一份符合格式规范的批示性批复。（此处提供批复的模板和相应的请示内容的详情。）

（R结果）生成一份符合上述要求的批示性批复范例，确保格式规范、内容完整、表达清晰。

可以得到的AI回复：

××市人民政府关于对《××市城市绿化规划方案》的批复
××府发〔20××〕××号

××市园林局：

你局《关于上报〈××市城市绿化规划方案〉的请示》（××园林

〔20××〕××号）收悉。经市政府研究，现批复如下：

一、原则同意《××市城市绿化规划方案》（以下简称《方案》）。该《方案》的实施，对于提升我市城市形象、改善居民生活环境具有重要意义。

二、在《方案》实施过程中，要注重科学规划，合理布局，确保绿化工作的系统性和实效性。同时，要加强与相关部门的沟通协调，确保各项绿化项目顺利推进。

三、你局要切实担负起牵头责任，加强对《方案》实施情况的监督检查，及时发现问题并妥善处理。同时，要做好绿化知识的宣传普及工作，提高市民的绿化意识和参与度。

此复。

××市人民政府（印章）
×年×月×日

4.5 机关往来类公文经典表述及强化句式

4.5.1 议案

议案的通用结构：

标题：应简明扼要地反映议案的主题，通常由发文机关、事由和文种三部分组成，如《××市人民政府关于××事项的议案》。

主送机关：议案的主送机关通常是同级人民代表大会或其常务委员会，明确议案提交的对象。

案由：简要说明提出议案的背景、理由和目的。

案据：详细阐述支持议案的事实、依据、理由等，包括相关的法律法规、政策文件、实际情况分析等。

方案：提出具体的建议、措施或解决方案，包括实施步骤、预期效果、所需资源等。

结语：表达对议案通过实施的期望，或提出请予审议等请求。

落款：包括发文机关名称和成文日期。

【例】采用STAR结构撰写立法性议案

指令：

（S情景）假设你是××市人民政府的工作人员，需要向市人民代表大会常务委员会提请审议一项关于垃圾分类管理的条例。

（T任务）撰写一份立法性议案，提请审议《××市垃圾分类管理条例》，并说明条例的必要性和主要内容。

（A行动）请根据以下结构和内容要求，生成一份符合格式规范的立法性议案。（此处提供议案的模板和相应的请示内容的详情。）

（R结果）生成一份符合上述要求的立法性议案范例，确保格式规范、内容完整、表达清晰。

可以得到的AI回复：

立法性议案范例

××市人民政府关于提请审议《××市垃圾分类管理条例》的议案

××市人民代表大会常务委员会：

随着城市化进程的加快，垃圾问题日益突出，为推进生态文明建设，提高资源利用效率，特提请审议《××市垃圾分类管理条例》。

当前我市垃圾处理面临严峻挑战，垃圾分类是破解垃圾处理难题的有效途径。根据国家相关法律法规及政策要求，结合我市实际情况，制定

《××市垃圾分类管理条例》十分必要。该条例将明确垃圾分类的标准、责任主体、投放要求、收运处理流程以及相应的奖惩机制，为垃圾分类工作的顺利开展提供法律保障。

建议《××市垃圾分类管理条例》主要包括总则、分类标准与要求、投放管理、收运与处理、监督与保障、法律责任附则等章节，详细规定垃圾分类的各项制度措施。同时，建议加大宣传力度，提高市民垃圾分类意识，确保条例得到有效实施。

请市人民代表大会常务委员会审议《××市垃圾分类管理条例》，并予以批准通过。

××市人民政府（盖章）
×年×月×日

4.5.2 函

函的通用结构：

标题：标题通常由发文机关、事由和文种构成，有时也可以只由事由和文种构成。

主送机关：

开头：主要说明发函的缘由，然后用"现将有关问题说明如下"或"现将有关事项函复如下"等过渡语转入下文。复函的缘由部分，一般首先引叙来文的标题、发文字号，然后再交代根据，以说明发文的缘由。

主体：这是函的核心内容部分，主要说明致函事项。函的事项部分内容单一，一函一事，行文要直陈其事。如果属于复函，还要注意答复事项的针对性和明确性。

结尾：一般用礼貌性语言向对方提出希望。或请对方协助解决某一问题，或请对方及时复函，或请对方提出意见，或请主管部门批准等。

结语：通常应根据函询、函告、函商或函复的事项，选择运用不同的结束语。如"特此函询（商）""请即复函""特此函告""特此函复"等。有的函也可以不用结束语，如属便函，可以像普通信件一样，使用"此致""敬礼"。

落款：一般包括署名和成文时间两项内容。

【例】采用ROSES结构生成关于某个问题的询问函

指令：

（R角色）假设你是一家公司的工作人员，负责撰写一份关于××问题的询问函。

（O目标）向××部门询问关于××业务办理过程中遇到的问题，并请求解答。

（S场景）在办理××业务时，发现××环节存在一些问题，需要向××部门了解具体的操作流程、材料要求和常见问题解决办法。

（E解决方案）希望××部门能够提供详细的解答，以便公司能够顺利完成××业务。

（S步骤）请根据以下步骤生成询问函。（以下为询问的假设细节，在实际操作中需要结合实际情况。）

问题描述：详细描述遇到的问题，例如"在办理××业务时，我们发现××环节存在一些问题，具体表现为××"。

询问内容：列出需要了解的具体信息，例如：（具体内容略）

结尾：表达对回复的期待和愿意提供进一步信息的意愿，例如"希望贵部门能够尽快回复，以便我司能够顺利完成××业务。如有需要，我司愿意随时提供进一步的信息或协助"。

生成一份符合上述要求的询问函范例，确保格式规范、内容完整、表达清晰。（此处加上询问函的结构模板。）

可以得到的AI回复:

关于××问题的询问函

××部门:

我司近期在办理××业务过程中,遇到了一些问题,现向贵部门提出询问,请予以解答。

在办理××业务时,我们发现××环节存在一些问题,具体表现为××。

针对上述问题,我司希望了解以下信息:(具体内容略)

1. ××环节的具体操作流程及要求……
2. ××环节所需提交的材料清单及格式要求……
3. ××环节可能遇到的常见问题及解决办法……

希望贵部门能够尽快回复,以便我司能够顺利完成××业务。如有需要,我司愿意随时提供进一步的信息或协助。

特此询问。

××公司(盖章)
×年×月×日

4.5.3 纪要

纪要的通用结构:

标题: [会议/座谈/联席/汇报等]会议纪要

日期: ×年×月×日

地点: 如有,记录具体会议地点。

参会人员: 列出所有参会人员姓名及职务,可按单位或职务排序。

缺席人员: 如有,列出缺席人员姓名及原因。

会议主持: 如有,列出主持人姓名及职务。

会议记录: 如有,列出记录人姓名。

会议议题:

1. 议题一

2. 议题二

……

会议内容：

针对每个议题，详细记录讨论内容、决策结果、任务分配等。

决议事项：

列出会议中达成的具体决议，包括责任人、完成时限等。

下一步行动计划：

根据决议事项，明确后续工作步骤、时间节点及责任分工。

其他事项：

记录会议中提及但未形成决议的其他重要信息或建议。

附件：

如有相关材料、报告等，列出附件清单。

【例】采用APE结构生成一份用户体验改进座谈会纪要

指令：

作为公文写作专家，请按照机关会议纪要标准格式，编写×年××公司用户体验改进座谈会的完整纪要文档，要求包含典型议题设置、结构化讨论过程和明确的工作分工。

（A行动）现在请协助我整理会议的纪要，其中需要保证纪要的内容和信息直观。根据上传的材料，完成一份会议纪要。（此处提供具体的会议记录内容和资料，可以上传多份文档）

请按照以下要素生成座谈会纪要：

1. 使用"用户体验改进"作为核心主题。
2. 包含标准公文要素：时间、地点、参会人员、主持/记录人。
3. 设置三个典型会议议题。
4. 采用三段式会议内容结构（问题反馈—讨论过程—结论产出）。
5. 区分决议事项与待定工作。

（P目的）详细记录会议的讨论内容，包括用户代表的反馈、参会人员的讨论和具体建议，会议记录能完整全面呈现会议内容，并指导下一步工作。

（E期望）输出包含完整会议要素、体现讨论过程、具有实操指导价值的纪要范例。要符合公文写作的具体要求，同时能直观清晰呈现会议的信息。

可以得到的AI回复：

用户体验改进座谈会纪要

×年×月×日

××公司会议室

参会人员：产品经理小赵、设计师小王、客服代表小李、部分用户代表

会议主持：产品经理小赵

会议记录：设计师小王

会议议题：

1. 用户反馈收集与分析。
2. 产品界面与功能优化建议。
3. 提升用户体验的策略探讨。

会议内容：

用户代表分享了使用产品的体验与反馈，包括界面设计、功能实用性、客服响应速度等方面。参会人员围绕用户反馈，讨论了产品界面优化、功能调整的具体建议，探讨了通过增加用户互动、优化客服流程等方式提升用户体验的策略决议事项：

设计团队根据用户反馈，于本月内完成界面优化方案的设计。

客服部门优化服务流程，确保用户问题得到及时响应。

待定工作：

设计团队与产品经理沟通，确保优化方案符合产品定位。

客服部门制定详细的服务流程优化计划，并于×月×日前提交。